莊子七講

活出生命本身的大用

王邦雄

回歸天真本德的自然美好

《莊子道》刊行至今，已歷二十五個年頭，原初是演講實錄，為了保有現場講者與聽眾直接照面的氛圍，儘可能不做潤飾，或許直白的語氣表達，對錯過現場的讀者朋友來說，比較會有親切感而容易接受吧！

當初開講莊子，適值先母過世不久，生命承受大悲苦、大哀傷，正與莊子「可不謂大哀乎」的存在感受隱然密合，故流動在字裡行間的，不是知識理論，而是生命悲情。且多年來自家生命亦困陷在儒家式的深切自責中，俗世人情幾近自我放逐，寫作講學不斷，聊以補過而已！學人英雄的形相，早已解消放下，在人間散步，做個散人罷了！或許，這一分散人的心情，正道出了莊子獨步千古閒散自在的意態與風貌。

這本書先後由漢藝色研與里仁出版，幾經轉折再由遠流重新整編而成《莊子七講》，為了拉近時間的距離，也為了要以全新的面貌跟讀者見面，除了將全書做了讓自已可以接受的大幅修正之外；還在各篇講辭之後，補上了主題寓言的內涵說解，讓讀者可以抓得住其中微妙的義理轉折，且全書七講次皆依循貫串其中的縱軸線去展開鋪陳，某些重要段落只得割捨，所以最後附錄了各篇之理路架構的簡表，內七篇的完整輪廓可以一覽無遺，不會有未見全貌的缺憾感。

在增訂之外，又開顯新義，某些關鍵性的理念解讀，已有所進展與突破。如〈人間世〉說心齋工夫的「心止於符」，當年的理解依據的是近代西方知識論之主客對列的思維模式，做出了「主體的心知，要去符合外在物象」的詮釋。這一說解與莊子所面對的「未達人心」又「未達人氣」之救人反成災人的痛切反省，根本不相應。「心止於符」的意涵，說的是心知最大的功能（即所謂止），就在責求天下人要符合我的心知所執著的價值標準。此把價值標準執定在自身，是人間世界最大的偏見，而責求天下人一定要符合我執定在自身的價值標準，則是不可能被接受的天大傲慢。當前全球人類最大的苦難，就在集偏見與傲慢於一身之意識形態的對抗與決裂。不論在宗教信仰、族群認同、權力鬥爭、黨團分裂、勞資糾紛、階級對抗，甚至東西方的文化歧異，與南北半球的開發失衡，這一心知執著的價值二分，均落在集體禁閉與集體催眠的無解困境中。道家思想開出的鍼砭藥方在，雙方都要真切的體認，人家只是跟我們不同，人家不一定不對。

此所以莊子要我們「無聽之以心，而聽之以氣」，「無聽之以心」，是心知不執著，心不在他的心之外，就可以「達人心」；人為不造作，氣也不在他的氣之外，就可以「達人氣」。「心」同在且「氣」同行，人間「救人」就不會扭曲變質而反成「災人」。

此外，〈德充符〉所說的「才全而德不形」，「才」是草木之始生，指稱的是天生本真的「德」，「才全」是保有天真，「德不形」是修養工夫，德不形於外，就是德充於內，既無心天真，也就可以如辦家家酒的兩小無猜一般，沒有嫌隙，沒有猜疑，也無須防衛的符應於外了。故上下兩篇的「符」，〈人間世〉的「心止於符」，是心知的執著，而〈德充符〉的符應於外，則是心知的解消。前者顯現的是負面的意義，後者顯發的則是正面的意義。

人活一生，要保有兩大品質，一是可靠，二是可愛。文化傳統兩大家開啟的人生智慧，儒家說有心，心是天理良心，當然要「有」，教導我們做個可靠的人；道家講無心，心是心知執著，當然要「無」，啟發我們做個可愛的人。當前人生的難題，在人既不可靠，又不可愛，此所以人間街頭滿是人潮，每一個人卻顯得孤單無助，落寞哀傷。因為人尋求可靠，皆往神明找，人尋求可愛，皆往寵物找。

我們要問的是，何以寵物可愛，而人不可愛？常識性的認知，在貓狗對主人的體貼，心智年齡一直保持在三歲半至四歲半之間，正好是最可愛的階段。就莊子的理解來說，人跟飛禽走獸最大的不同，在人為萬物之靈，「靈」在人的「心」已被開發出來，而僅屬萬物之一的貓狗，「心」卻未被開發出來。「心」的靈，可能扮演上帝的角色，也可能以魔鬼的姿態出現。「心」的靈在虛靜明照，可以照現本德天真的真實美好；而「心」有「知」的作用，「知」的本質是執著，心知一起執著反而禁閉了天生而有的本德天真，如只問目的而不擇手段的權謀算計，生命的真實美好就此失落。貓狗的「心」，未見開發，不會擺盪在上帝與魔鬼之間，反而保護了本德天真在每一當下的自然呈現，永遠的無心機無算計，永遠的純真可愛。

莊子〈大宗師〉有云：「其嗜欲深者其天機淺。」官能欲求是生理的實然，嗜欲是心知的執迷熱狂，嗜欲深則是人為造作所拖帶出來之情識的陷溺。「天機」成玄英解為「天然機神」，依我的體會，說的是天生自然，可以在生命的每一當下，應機如神，神感神應而與物同在同行。天機淺薄，就是人為干擾妨害了自然，而失去了直接感應的生命靈動。

此外，〈秋水篇〉有則寓言，就在單足之獸與百足之蟲，以及百足之蟲與無足之蛇的對話問答中展開。單足之獸問道，我僅恃一足，在跳躍中顛跛前行，已顯得窘困艱難，閣下還要指揮百足同步並行，請問要如何辦得到？百足之蟲答道，百足同步並行如同唾者噴霧無數一樣的天生自然，「今予動吾天機，而不知其所以然」，百足並行既說是啟動我的天然機神，卻又說我自身也不知何以會如此的道理，實則意謂無心自然的生命靈動本身就可以應機如神。再看，百足之蟲問道，我鼓動百足並行，卻反而趕不上閣下無足可運的速度，請問道理何在？無足之蛇答道，我扭動我的背脊腰脅，快速前行，那純粹是天然機神的啟動，是無可取代的，足對我而言，根本是派不上用場的。

從這兩段對話問答來看，單足之獸、百足之蟲與無足之蛇，與寵物貓狗等同，都是天生自然的天然，也都是應機如神的機神，那是人人天生而有，物物本自具足的本德天真，無須修養就可以「遊乎天地之一氣」（〈大宗師〉）的生命靈動。弔詭的是，人的「心」已開發出來，心知的執著，加上人為的造作，反而禁閉了「天」生自「然」的應「機」如「神」；而鳥獸蟲魚的「心」，未開發出來不會執著造作，反而一直保有天生自然之應機如神的生命靈動。故人物走上人間，展開人生的行程，就莊子道開啟的人生智慧而言，人物要保有純真可愛的品質，就有待「無聽之以心，而聽之以氣」的修養工夫了。「無聽之以心」可以達人心，而「聽之以氣」可以達人氣，啟動了天然機神的生命靈動，心與萬物的心同在，氣與萬物的氣同行，心開顯道體之一體無別的理境，氣也遊乎天地的一氣之化中。那個時節，人物有限，我可以「逍遙」而遊，人間複雜，我可以平齊「物論」，一切的困境難題，不就可以消解於無形了嗎？

王邦雄 謹序於永和家居

一〇七年五月

目錄

德充符——天生的桎梏　一六〇

「德」充於內，再符應於外，這樣在與人相處時才不會出問題。顯發我們的心靈，保有天真，讓我們的心更大，可以包容別人。所以每一個人要「善刀而藏之」，把自己的鋒銳收起來，不會因為自身的精采亮麗，而迫使別人黯然神傷。

大宗師——真人的修行　一九〇

將逍遙遊由下而上的升越，與齊物論由上而下的觀照，統合而成一個圓，天人契合為一，就是「大宗師」。人無心無知無為，不執著造作就是「真人」，真人以天為宗以道為師，把「知」養到「不知」，體現天道的生命人格之大。

應帝王——無冕的帝王　二二二

「應」就是因應無心，帝王，是世界上最自由的人。我把自己放下來，我無心，那個時候我最自由，因我不跟人家爭，不跟人家計較，所有的束縛、禁忌、顧慮、壓力都沒有了。所以只要應物無心，我們就是無冕王，就像皇帝般的自在了。

附錄：內七篇的理路架構　二五四

逍遙遊——自我的成長

人生的困苦就在我們執著太多，想要太多，「逍」就是把人的執著消掉，「遙」是開發無限的精神空間，沒有束縛，沒有壓力，沒有罣礙，沒有牽累，如此，則世界無限寬廣，人間到處可遊。

功德歸給母親

家母過世的那幾天，不論是在上課或演講，都有種感覺，我站在講台上是幫媽媽出來說話；假定演講是功德的話，所有的功德都歸給我的母親。《莊子》第一講〈逍遙遊〉，跟我當前的心情大不相應，不過我想哲學或宗教，總是在人最軟弱、最苦痛、最憂慮、最勞累、最傷心的時候，讓我們的生命最貼近天道。我有一個感想——台灣社會最乾淨、最和諧的地方，除了宗教的殿堂之外，我認為醫院加護病房外的家屬休息室，是人間最沒有距離、最沒有機心、最沒有競爭，可以完全放下、完全感通的小社會。

所以，傷感時候、痛苦時候，也是我們跟上帝、佛陀、天道最接近的時候。我一直覺得人會流淚，藉著眼淚可以洗淨我們的靈魂，就像下一陣大雨可以洗淨大台北的塵垢污染。所以，天下女士的清新、敏銳，都能超越天下的男士，其最大的原因就是女士會掉眼淚，隨時把人間的困苦都洗掉了，而恢復她原有的清新、原有的感動。人生在世一定有很多問題，困苦、憂愁、病痛，甚至老死，都會開啟我們對人間有限性的感受。人是有限的，醫學是有限的，但是我們的願望無窮。我們希望每一個人都天長地久，但我們總要面對我們最親近的人離開我們，所以科技、醫學還是有它的極限。

包容有限，開發無限

不管是哲學或宗教，永遠面對的問題是：它要同情人的有限性，對人生的悲苦、憂愁，一定要有一份包容、一份支持。所以宗教永遠是最動人的，宗教對人的有限性給出最大的同情，與無限的包容，同情苦難，包容罪過。儒家認為那是我們的命，道家認為存活總是牽累，人生有很多的命限，所以宗教哲學一定要去同情人的有限性；另外，它還要給出我們困境中的希望，給出我們未來的出路。

人生是如此困苦，但是我們總嚮往無限；人有苦業，但是人可以成佛，人有原罪，但是人可以得救啊！上帝來救贖每一個人，上帝的恩寵，救贖每一個有罪的人。儒家認為每一個人都有命，但是可以突破命限，人人皆可以為堯舜，人人都可以成聖成賢。以道家的觀點來看，人生不免勞累困苦，但人生也可以自在。對莊子來說，轉俗成真就是逍遙無待。

人生是從我們的有限性出發，從人的軟弱、人的無依無靠、人的悲愁、人的困頓艱難出發，但是我們希望找到一條生命提升的道路，心靈引領形氣往上走，這叫「形而上」。我們被有限性困住，那叫「形而下」，我們的心執著形氣，只求成其器用，反而為器用所綁住，心為物役，執著形氣往下掉，就由此說形而下，苦業、原罪、命限，還有勞累，都是從「氣」來。體能有限，人會病痛老死，但精神、心靈不會，我們的精神、愛心不會在人間消失。所以，人永遠要從「形而下」轉向「形而上」的路上走；人物是「器」用，心靈引領形氣，往形而上的「道」走，走這條路就要去求道、修道、證道，去行道人間，也就是形而上的道行。我想各大哲學體系、各大宗教信仰都有共通的道理，今天我們要講〈逍遙遊〉，就是這樣的思路。道家教導我們，首先還是要面對人的有限性。

人生困苦不在「物」而在「心」

「逍」跟「遙」，我們可以分開來解釋，此處我根據的是王船山及顧桐柏的解釋。「逍」就是人生取向往「消」的路上走，對於人的有限性，我們要去消解，要「消盡有為累，遠見無為理」。道家最大的感受就是走人生路是很累的，人會很累就是因為人有為，想要抓住某些東西，想要大有作為，這些在道家叫人為造作，這樣一來就讓人受到很大的束縛，很大的負累。所以逍遙遊就是要我們消盡有為的累，一旦把我們的苦累、有限性消掉以後，就可以遠見無為的理，「遙」即為「遠」的意思。故王船山說逍是「嚮於消」，「遙」是「引而遠」也，「嚮」是人生的方向，即我們要往消解的路上走；

老子言「為學日益，為道日損」，大多數的人都為學日益，不管做什麼事，都想要每天增益，抓住名利、權勢，在地位、身分、財富、權力每天都想法子成長，世俗人心向來如此。道家覺得人生的苦惱、憂愁、勞累就是因為人每天求增長，而且欲求永遠停不下來；即以享有榮耀來講，應該是件很好的事，但每天都想聽到掌聲、得到肯定，這就是一個永遠填不滿的無底洞，哪一天失去了這些，就會覺得自己一無所有，好像整個社會都不支持我們了，突然之間就會覺得自己很難活下去，因為每天已習慣於風光喝采。所以，無論是成名或享有榮耀，那想要得到的念頭，永遠是我們的負擔。求道就要減損，要消盡有為的負累。「嚮於消」即人生的路要走向消解，要消解人物的有限性，消掉有心有為的人為造作。

儒家認為人生的問題是因為我們有命限有物欲，人雖是有良心，但物欲會把我們的良心往下拉；譬如權力欲太強的，名利心太重的，或面對強烈競爭的人，良心往往被拋到一邊，只想到欲求，對儒家而言，我們的問題是出在我們的物欲；但對道家來說，不是我們的物出問題，而是我們的心出問題，因為我們的心會起執著，執著名利、權勢，什麼都要、都想抓住，這個才成為我們的問題，以道家言就是要消解心知執著與人為造作，叫消盡有為累，然後才能遠見無為理，體現無為的理境，這樣才能逍遙。

消解有限，走向無限

我們首先要反省的就是，我們活在人間能不能「遊」，能不能自在自得，而遊於人間世。所以憨山大師解釋逍遙為廣大自在。人生在世我們要遊，遊就是自在，現在的名詞叫自由，叫解放，道家不講解放，道家叫消解，精神的解放讓我們自由，在傳統的說法這叫自在。遊就是自在，不論我們在哪裡都可以自在，沒有憂愁、困苦、煩惱、壓力、鬱悶，這叫自在。人生要能夠自在，是因為有一個開闊的心靈世界。

台北給我們最大的感受就是太擠了，整個台北街頭任何時間都是人潮，都是車隊，太擠了就讓我們很難遊得起來，所以每個人走在路上都匆匆忙忙，都有壓迫感，奔走於途，頗有四處流落的感覺。我們缺乏自在，就沒有美感；台灣很進步，但台灣沒有美感，不能讓人有自在的感受，自在來自於寬廣，寬廣就是遠大，遠大就是很開闊，人在開闊的世界裡才遊得起來，才會自在。置身在廣大的運動場，小朋友就可以自在地遊戲和活動；整個校園很開闊，每個人在裡面都可以自在的遊，捉迷藏的捉迷藏，打球的打球，聊天的聊天，都可以自在。

但這自在必須要有開闊的空間，我所說的開闊的空間是從精神上說。世界為什麼會開闊呢？因為我們都不要。什麼時候我們最自在？就是消解人間名利心跟權力欲時，不要跟人家比賽，不要搶第一，剎那間覺得很大的自在。上班的時候會有哪個人心情很好？散步的話就心情很好，因為散步是沒有目標的走路，莊子認為最悠閒的人叫散人，這樣的散人叫真人，很閒散的從人間的排行榜跳出來。眾人都在追求名利，競逐權勢，但是真人跳出來，把它消掉了，心裡面不執著名、不執著利、不執著權勢，所以世界突然變得很大，海闊天空什麼地方都可以去。平時我們什麼地方都不能去、都不敢去，因為我們有太多的忌諱、太多的想要、太多的追求、太多的執著，……以致讓我們失去原本的自由。人的精神本來是無限性的，心靈是到處都可以去，有無限的自由。但是我們的心掉下來了，心變成有心，有心的話就變成有名、有利、有權勢，會跟人家奔競爭逐，要排名、要排行，這樣一來就會失去原本的空靈，因此我們就會變成一個很受束縛的人，很沒有情趣的人。

由此我們可以了解到道家要講的是我們的心要減損執著，如此世界才會無限的開闊。人擁有無限開闊的空間，人間到處可以去，到處可遊，這就叫「逍遙遊」。「逍」就是消掉人的有限性，「遙」是開發無限的精神空間，人就可以做個散人，在人間散步，悠閒而自在，沒有束縛，沒有壓力，沒有罣礙，沒有牽累，這叫做「遊」。今天我們講的逍遙遊，就是這個意思。人生的困苦就在我們執著太多，想要太多，「逍」就是把人的執著消掉，消掉以後就會變成沒有忌諱，沒有壓力。什麼時候我們會變得最好？

就是當我們不想去爭取第一的時候，突然間會感覺這個世界好大好開闊，到處都可以去。既然世界無限寬廣，那麼人間到處可遊，因廣大而自在。

人生問題在於「在」與「得」

人生永遠面對兩個問題。第一個是我的「在」，我們活在這個世界叫「在」，我們的「在」是從父母來的，萬物的「在」，是從天道來的，天道生萬物，父母生兒女；從政治來說是聖人生百姓，所以我們拜天地、拜父母、拜祖宗、拜歷代聖賢；因為我們的「在」是他們生成的，所以我們每一個人都命定的要走我們父母的路，他們也許不存在了，但是我們在啊！媽媽在人間消失了，但是我在啊！所以我一定要講課。我也會老，但是我兒子在啊！我兒子也會老，但我兒子的兒子在啊！所以，人生第一個是「在」的問題，人生是從「在」開端，人被生下來，來到這個世界，這是第一個問題。

但人生還沒有完，當我們「在」了以後，我們要問第二個問題：我們「得」到什麼？我們「有」什麼？我們的「在」及我們的「得」是人生兩大問題。人在病痛時，我們只希望「在」，在面對死亡的時候，我們只希望從死亡的邊緣走回來。我們所有的祈禱、所有的禮拜，就是希望上帝、佛陀讓媽媽活著，因為「在」是第一個問題，當媽媽活著的時候，我們祈求媽媽能得到幸福、心靈平安，有她的「得」。所以人生的「得」，大概是指我們的「德行」和「福報」，而且我們經常覺得是因為我有德、有福我才在。

自在自得與他在他得

我們不大認為人活著就只是活著，人要先存在才求得；現在一般人的思考是我得了以後才在，假定我沒有德沒有福的話，我這個人彷彿一無所有，「在」也等於「不在」，這叫空虛。故這兩個問題是很難分開，第一個——我們如何來到這個世界，第二個——人活著有什麼。人不光活著，活著要有尊嚴，要有價值，要擁有某些東西；若一無所有，人生就很空虛，不就白白過這一生嗎？所以人活著之外，還要求「得」。但是我們的思考可能逆反回來，是我「得」了，我才「在」。比如很多政治人物會覺得沒有掌握權力就彷彿沒生命一樣，很多人覺得他若沒擁有財富，他就不算活著，有些人覺得他沒有成名，就不算活著，沒有掌聲、沒有喝采、沒有知名度，他就覺得沒有活著。當「得」的時候，他才覺得他「在」。所以才會投入在人間社會的長期競爭中，去追逐名氣、權勢、財富。否則他會有危機感，每天一定要翻開存款簿看看才覺得自己還活著，為什麼？因為他得啊！所以他理所當然整個精神投入在人間社會名利、權勢的角逐。那種「在」那種「得」，叫他在他得。怎麼說呢？比如選舉，當選才算「在」，但是能不能當選是由別人投票，所以「在」與「不在」是別人決定，故言他在他得。

我們的財富要靠整個台灣社會的人氣，股票曾經漲到一萬二千點，也曾跌至二千多點，台灣有四百多萬的股票人口，我自己一張都沒，因為我看透了股票是他在他得。我覺得人生一定要找到一條自在自得的路，譬如讀書、修養、做人、行道，這些我們自己可以決定，而且只要實踐就有所得，都是我們自己去做，我們自己可以決定，故言自在自得，所以生命的起伏不大。我有位生意界的朋友告訴我：「王博士，你很忙喔！你每天都跑來跑去。」他的意思是我到處演講，我答以我雖然很忙，但是我心情都一樣。因為我在講永恆的東西，講孔子、老子、孟子、莊子，講哲學、宗教，我的生命沒有很大的起伏，我告訴他：「你們就跟我不同，你們的忙是漲跌互見，一下子漲停板，一下子跌停板，這樣的話生命沒有安全感。」我講孔孟老莊有安全感，人生的安全感很重要，我早上出門，我知道我傍晚可以回家，而且家不會跑掉，所以我放心出門；我晚上放心睡過去，因為我知道我明天會醒過來，而且爸爸還愛我，媽媽還愛我，兄弟還是兄弟，夫妻還是夫妻，我才會放心睡過去，人生是靠這個恆定的親情友誼活下去，不是靠社會新潮、流行、時髦等變動的東西活下去，那個是讓我們活不下去的原因。為什麼心情這麼差，是因為社會變動太大。一下子在高峰，一下子在深谷，那個叫他在他得。

什麼叫「逍」，「逍」就是把那個「他」消掉。什麼叫「遙」，就是把「自」活出來。我們要消掉外面決定的東西，然後才會給出自己在、自己得的情境；他在他得是靠不住的，是別人決定的。我們一般人要靠社會的景氣來帶動我們，若社會不景氣，我們要不要活下去？所以，我們不能靠景氣，要靠修行，人修行的話，每天一定自在自得；故「逍」就是把我們對人間過度的依賴消掉。愛國獎券仍風行時，我從未買過一張，我當然很愛國，但是我不願給自己一個等待僥倖的機會，我覺得不好。我永遠靠自己的力量去得到什麼，自己在也自己得。譬如讀書，每日讀就每日有所得，所以不管怎麼晚，我臨睡前起碼要看幾頁書，因為讀了書我才在。我跟朋友在一起我才在，我教學生時，我在同時我得；我覺得這是人生最穩當的道理，這是不變的，因為我們是自己在自己得，而不是他人讓我們在，他人讓我們得。「他」就是外在，但我們希望是自在自得，故所謂「逍」就是消掉我們內心的執著及對外界的依賴，依賴減少了，則自在也自得的比率就增加，這叫逍遙遊。

自在自得才是逍遙

《莊子》第一篇叫〈逍遙遊〉，逍遙遊可不是從天上掉下來，而是從人間的困苦悲愁開端，從執著、負累與傷痛中省思，要如何解消，而遠離人生的有限性，並給出無限的精神空間，可以做個散人在人間散步，可以自己在自己得。在自在自得中，我們才是自由的，才是無限的。假定我們困在人間的他在他得中，一切靠別人給我們，靠別人決定，求排名爭排行的話，我們就失落了可能有的自在自得的人生，莊子講逍遙遊的重心就在此。

我們來看〈逍遙遊〉「大鵬怒飛」的寓言，莊子的義理通常都寄寓在故事情節中，而且主題寓言通常安排在第一段出現。「北冥有魚，其名為鯤，鯤之大，不知其幾千里也。」北冥就是北海，但非指一般海洋，故以「冥」名之。老子用玄，莊子用冥，此「冥」為孕育生命的大海，是形而上的生成，是萬物的根源之地。鯤為魚子，魚子很小，但莊子說：「鯤之大，不知其幾千里也。」此所以大家都覺得莊子的想像力太強。莊子說他自己是謬悠之說，所以後人解讀就說是滑稽的開端，他的荒唐之言，無端崖之辭，是文學性的語言，甚具想像力，他可不是隨意寫的，北冥既是孕育生命的大海，而生命最大的特質就是他會成長，或許剛生下來還小，但是他會長大，所以告訴我們生命存在是「由小而大」的成長，可不是滑稽的開端。這是寓言，寓言就是把大道理放在故事的背後。

「化而為鳥」，這條大魚轉化而變成一頭大鳥，名字叫鵬，故曰大鵬，「鵬之背，不知幾千里也」，鵬的背也有幾千里那麼大。但牠從魚而化成鳥往天上飛，這叫「由大而化」的飛越，意謂一個生命的超越，與境界的提升。由小而大是生命的成長，由鯤化為鵬則是生命的飛越，由地面往天上起飛。莊子的寓言鯤是魚，鵬是鳥，而他想講的卻是人的生命。莊子告訴我們人生就是在生命的大海裡面，生下來時很小，但是我們會成長，不光是長大，而且是境界的體現，人會轉化，會昇越，會往上起飛，會飛上幾萬里的高空。

「怒而飛，其翼若垂天之雲」，大鵬鳥奮起而飛翔，牠的翅膀擺動之間就像雲垂天旁，牠翅膀一張開就遮住了半邊天，「是鳥也，海運則將徙於南冥」，這隻鳥在海上長風吹起時，就順應風向往南飛去，由北海飛到南海，此南海名為南冥。還是形而上的海，是天上的海洋，不是人間的海洋。以道家來講人的修養、修行，是跟「自然」結合在一起，人本身的成長由小而大，由大而化，還要回歸自然，跟天地結合，人的大化加上自然的大化，同體流行。

天國在人間不在新大陸

「南冥者，天池也」，人生要從北海飛到南海，好像北海是苦難，南海才美好。所以莊子才說：「南冥者，天池也。」天池即天國、天上。人本來是活在人間，只要你的心神往上飛越的話，人間可以成為天國。我們在詮釋《莊子》時，要看各篇的系統來解讀莊子。我想人間有苦難，不是世界不好，是人不好，故只要經由修養以後，讓人轉成真人，那人間就是天國了。

這一篇最重大的誤解就是人生的理想彷彿就是由北海飛到南海，就好比北冥是台灣，南冥是美國、加拿大、紐西蘭、澳大利亞。台灣人喜歡往國外跑，因為認為台灣是北冥，北冥不大好，我們趕快起飛吧！存點錢到國外去，美加紐澳就是天國。我看莊子絕對不是這個意思，假定我們人生只是逃，由北冥逃到南冥的話，那何須講由小而大，由大而化？在莊子來講，人生不大理想是因為我們太小了，只要我們的心胸開闊，我們的精神起飛的話，每個人有大心胸、大氣魄，有大修養，有大成長、大飛越，這樣的話北冥就是南冥，人間就是天國了。

不要誤解莊子想逃，好像大鵬鳥就是七四七的飛機，搭上七四七就如大鵬鳥起飛了，飛到哪裡？飛到美國新大陸。莊子不是這個意思，所以用一隻小鳥來跟大鵬鳥對話，小鳥是配角，小鳥覺得「大鵬怒飛」不可思議，就發表感言：「大鵬鳥，人生的逍遙何必像你這個樣子？要長得那麼大，飛得那麼高，不像我小麻雀在矮樹叢間飛來飛去都很逍遙。」他就用一隻小鳥來嘲笑大鵬鳥，嘲笑牠飛得那麼高、那麼遠，而小麻雀從這一樹叢衝上另一樹叢，有時中途掉下來，也沒有什麼折損，再爬起來就是了，仍然逍遙自在。小麻雀言下之意大鵬鳥你掉下來可就不得了！直昇機掉下來比較沒問題，七四七掉下來就問題大了。莊子要說的是小麻雀不了解大鵬鳥所追尋的生命理境。

人由小而大，由大而化，再跟自然的大化結合，轉北冥而為南冥，南冥天池不離北冥人間，所以即人間而成天上，在傳統哲學來說就是「天人合一」，不管是儒家或道家，這是一個共同的精神所在。在此，引用一位西方文學家講的小故事：有一回天堂開放，世界上每一個人都排隊進入天國，大家都進去了，最後有一個人卻拒絕進去，坐在門外。人家問他：「難得天國開放，為什麼你不進去？」他回答說：「原班人馬都進去了，還叫天國嗎？」就好比我們現在把地球上每個人都送到月球上去，月亮就成了亂世災區，一樣的污染混亂。所以不是把每個人放到天國就好，人要蛻變轉化，修養而成天使般的真人，人間才能是天國。假定人依然故我的話，把這批人送到天國，天國也會變成人間，那個時候最可愛的地方可能是地球，從月亮看地球會覺得地球好美喔！

「大鵬怒飛」的寓言，啟發我們追尋人生的理想，根本在人自身的改變。這個世界本來沒有什麼生態問題、環保問題，是人過度開發才讓世界出了問題。以台灣來講，治安惡化、毒品氾濫，生活品質在下降中，就算我們擁有傲視全球的外匯存底，但我們過的不是有精神高度的生活，所以我們要多講人文，講哲理。

莊子說人生四層次

「南冥者，天池也」，我們期待台灣成為天池，不知何年何月才會實現，但是我們總知道一點，我們一定要由小而大，由大而化，且要和整個自然結合，不要過度開發，不要破壞生態。當然道家所說的是境界的自然，不是我們今天所講的現象的自然，我們只是藉這個意思來說。道家的自然是天道生成萬物的自然，不是指原始叢林的自然現象，「道法自然」的「自然」是指自己永遠如此的自己在、自己得；他在他得是他然，自在自得是自然，人生的抉擇在你要自然還是要他然。這是〈逍遙遊〉藉「大鵬怒飛」的寓言來告訴我們人生的道路，要成長與飛越，去追求人生的理想境，那就是「天池」。

在大鵬怒飛的寓言之後，緊接著講人生的四個層次。人生的第一個層次就是：「知效一官，行比一鄉，德合一君，而徵一國者。」即他的才智可以盡一官的職責，他的行誼可以得到一鄉之人的肯定，他的品德可以得到一國之君的賞識，且可以得到一國之人的信任。這在一般世俗的眼光看來，這種人有功有名，可以說是最成功的人。

「而宋榮子猶然笑之」，「之」指方才所說有功有名的人，宋榮子嘲笑他們有功有名，因為他們有求於外。功名來自一國、一君、一鄉、一官，這些都在主體之外，由外在而得，是由他而在由他而得，人一有求於外，就會失去自主權。我們最好不要希望從美國那邊得到太多，不然就是美國在干預台灣的內政。我們老是希望得到美國的庇護，但美國的庇護會讓我們成為第三流的國家，所以宋榮子猶然笑之。「定乎內外之分，辯乎榮辱之境。」他認為「內」才是榮耀，人活在自己才是榮耀；人有求於外就是辱，人希望得到天下的恩寵，這對人本身就是一個很大的屈辱，就會失去人格自主權。譬如「我」好不好？「我」活得好不好，都是別人決定，「我」自己一點信心都沒有，你看「我」怎麼樣呀？你看「我」今天快樂嗎？你看「我」值得再活一天嗎？用不著問這些，我們何只值得活這一天，還要活出這一生，我們自己決定，不要問別人。在宋榮子來說的話，像「知效一官」這樣的人都是有求於外的人，所以他看出來「內」才榮，「外」一定是辱。這是第二個層次。

所以我們對外面不要有太大的依靠，有了太大的依靠，就會失去我們的尊嚴，而榮耀就在尊嚴；我們每個人活在自己無止盡的理想追尋、活出自我的成長與飛越，我們才能維持自我的尊嚴、榮耀，一投入社會而有求於外的話，就會承受屈辱。「宋榮子猶然笑之」就是他不想走上這條路，所以宋榮子可以做到無功無名，但他仍未能做到「無己」，他有己，他把自己關閉起來，保護自己也是關閉自己。諸位有沒有看過武俠小說？有種功夫叫金鐘罩，就是刀槍不入，全身像一個金鐘把自己罩住一樣，所以別人攻不進來，但是諸位有沒有想過金鐘罩裡的人也出不去？用一個鐵鐘把自己罩在裡面，有什麼意思？自己在裡面覺得好安全，很榮耀，沒有屈辱，其實根本就是自我禁閉，這叫困守於內。

所以，宋榮子把他自己困住了。我寫過兩篇文章，第一個就問該把罩門練在哪裡？金鐘罩一定要練罩門，罩門可以通氣，外面就可以闖進來，也就變成我們的弱點，因我們要通氣出去，外面的人就通過這個氣孔來打擊我們，所以罩門不能夠讓別人知道我們練在哪裡，因為全身的弱點就集中在罩門，人家一點，我們就垮了。所以人生就是在練罩門，且看我們把它練在哪裡。我們的最愛就是我們的最弱，我們最強的地方，往往是我們最弱的地方，永遠不要忘記這一點，那個就是罩門，原來練功夫就是顯現弱點。儘管宋榮子不要外面的世界，而保持內在的尊榮，事實上他把他自己關在城堡裡面，而且用金鐘罩起來，穿起鐵布衫，當然刀槍不入，不過也困住了自己。

第三個層次是列子，列子可以「御風而行，泠然善也」。列子比宋榮子更進一步，宋榮子可以無功無名，卻還有個自己要保護，而把自己困在裡面。列子把「自己」解消了，叫無己，一個人無己才能御風而行，我們都做不到呀！以前我在文化大學、淡江大學教書，陽明山及淡水的風都很大，尤其冬季的時候，強風刮來時要對抗它，我們才能站穩在大地上，且要逆風而行，才不會被強風逼退，一步一步地走出我們前進的路，這都是我們有己，放不開。人家列子，風一吹他就起飛了，放開自身，就能御風而行。就像舞台的表演要能放得開自己，我就做不到，要我唱歌的話那比什麼都難，讓我打球還可以，叫我跳舞絕對不行，這是因為自己很難放開。列子可以放開，所以大風刮來，他就「御風而行」，「泠然善也」意謂輕妙自得，這個輕妙自得是指身體上的，因為他不要用力氣去走路，他放開自己，可以隨風而去，這樣的話看起來好像很自得。

列子比宋榮子更進一步就是他可以無己，但他的無己僅止於形軀的修鍊，他可以鍊得讓自己放開，跟風一起飛行。問題是莊子說列子「旬有五日而後反」，即十五天後又被風吹回來，就好比我能隨風而去，想到屏東，結果到台中又被風刮回來。因為御風而行，是風決定我而不是我在駕御風，只是把自己解消了，隨風而去，問題在風又把我吹回來，是風牽引我，不是我主導風。所以列子雖能進到第三層，但還不是逍遙。

所以莊子說最理想的人物是第四個層次，即大鵬怒飛的人，「至人無己，神人無功，聖人無名。」第一種人是有己，他才會有功有名，因為他要把功名放在自己的身上；第二種人是宋榮子，他可以無功無名，但是他還是有己；列子是無己了，是更進一步了，但是莊子所說的最理想的人物是「至人無己，神人無功，聖人無名」。因為無己的人才會無功無名，把自己解開以後，就不會想到要去爭取功名。功名帶回來，放到哪裡去呀？因為已經無己了，故無己的人一定可以無功無名。

「無待」是最佳的詮釋

莊子理想人物的無己跟列子的無己境界層次不同，理想人物的無己是指精神的無己，不是形軀的無己，不是大風吹，隨著風起飛，然後風又把他刮回來，完全失去自主權；當然不用走路，但沒有理想也沒有目的，僅是隨風飄落，玩大風吹的遊戲而已。到了最高理想的第四個層次，「至人無己，神人無功，聖人無名」，則是精神的自在，不是形軀的修鍊。不是形軀的隨風起飛，而是精神的絕對自由，精神的大自在。

所以莊子說他「乘天地之正，而御六氣之辯」。天地有常軌，六氣有變化（氣象、氣流、氣壓是有變化），天地有正道，而六氣有動變，「至人、神人、聖人」乘天地之正道，駕御六氣的變化。但是我們知道天地不可乘，六氣也不可御。天地那麼大，六氣那麼複雜，莊子的理想人格是可以乘天地之正道，駕御六氣的變化，事實上天地不可乘，六氣不可御。所以莊子認為理想人格的修養境界就在我不必乘，不必御，我就可以逍遙。

或許我們以為要主宰整個天地，才能逍遙，才是天下第一等人，可以駕御六氣的變化。事實上大可不必如此，我們只要跟它站在一起，我們就逍遙了。跟它站在一起是什麼意思呢？那就是跟天地同在跟六氣同行，這不就逍遙了嗎？列子御風而行，事實上是風御他。人到了最高境界，沒有自己，就跟天地同在，萬物同行，也就是〈齊物論〉所說的「天地與我並生，萬物與我合一」的境界。

並不是說只要好天氣我就有閒情去散步，做一個散人，這樣的話並不見得就可以逍遙。真正逍遙就是下雨天也逍遙，颱風天也逍遙，讀書時逍遙，工作時也逍遙，而不是等我放暑假時才逍遙，等下班後才逍遙。莊子的意思是不必乘，不必御，都可以逍遙，不要說要去掌控天地的正道，駕御六氣的變化才是自在，才是逍遙。雖身陷台北市的人潮中，也可以逍遙，人生就是任何景況、任何時段，我都能逍遙，才是真正的逍遙。莊子講逍遙遊，郭象說：「所遇斯乘，無非遊也。」我們都是有待，做一個學生，只要不考試，就會覺得日子很逍遙，一個上班族，只要放假不上班，他就覺得很逍遙，那就是有待呀！但放假那一天也不見得逍遙呀！全部的人都放假，全部的人都一起出遊，全部的人都擠在路上，我看每個禮拜最累的就是假日。花季大家都上陽明山，花季是陽明山最不可愛的時候，所有的人都擠到那裡去，忠孝東路原班人馬都上了陽明山；所以那時候如果在衡陽路、重慶南路走一回，反而好一點，此時重慶南路的書局是比較逍遙的地方。無待就是不必等待，不必等待叫自在自得，我自己在我自己得，我不必等待外在條件的湊合，就可以在，就可以得。

不必乘不必御，當下逍遙

「乘天地之正，而御六氣之辯」，我跟天地六氣在一起，而不在它之外，就不會有任何問題。譬如說台灣要成為石化王國，過去王永慶希望到大陸就是要繼續保持世界石油化工的霸業，他覺得他停留在台灣，早晚會變為第二。假定是這樣才能維持霸業，才能讓人生存在又有得的話，那我們就是有待。前一陣子有很多人看到股票在上漲，就覺得自己損失很多；我的同學是個高中老師，問我：「王邦雄，你看我們是不是會變成貧戶？」我說：「不會呀，你怎麼會這樣想。」他說：「人家每天都發大財，我們都沒有。」我就跟他說：「股票在上漲，人家在發大財，政府的稅收增加，我們公教人員才可以改善待遇，你有沒有想到這一點？我們是股票最直接的受益者，因為我們不用承擔風險，他們還會遇到跌停板，我們不會。暑假馬上又要調薪，所以千萬不要因大戶發大財、小戶發小財、王永慶帶頭發財，而不高興。你要跟他一樣，王永慶世界第一，我們就是世界第一。」這就是逍遙。因為我們跟王永慶同在，與財團同行。「天地與我並生，萬物與我為一」，我們在他的外面就會覺得自己在跟他比賽，才會覺得輸給他；我們跟他在一起的話，他的榮耀就是我們的榮耀。

所以莊子講到無己、無功、無名的時候，表面上好像說一個人真正自由而逍遙，是乘天地的正道，駕御六氣的變化，事實上他的意思是只要我跟天地六氣在一起，我就不必乘、不必御，而不會被天地六氣困住，這叫無待。「逍遙遊」最直接解釋就是「無待」兩個字。當我們沒什麼條件，沒什麼等待時，我們就逍遙了；所以要學習不要自外於中華文化傳統，不要自外於全球人類的共同未來，我們就不會有那麼多得失、成敗的壓力，孟子說「上下與天地同流」，要跟天地同流並行，就是所謂的「乘天地之正，御六氣之變」。

不要以為莊子說的話在進行一些形軀的修鍊，鍊得法力無邊，可以乘天地之正，可以御六氣之辯，不是的，是要精神上自在，精神上自在就是跟天地合一，即「海運則將徙於南冥，南冥者天池也」，海上長風怎麼吹，我們就怎麼走，我們順應自然來走人生的道路，故自然怎麼樣，我們就怎麼樣。自然逍遙，我們當然也很逍遙。所以下雨天我們逍遙，大熱天我們也很逍遙，不管是上班或讀書我們都可以逍遙；不管我們碰到什麼變化都跟它在一起，這叫「所遇斯乘」。下雨天就下雨天吧，大熱天就大熱天吧，我們不要自外於大熱天，就不會覺得好熱，因為我們與大熱天同在同行。

試舉一例，人生有命，有的人老覺得自己的命很苦，只要認命，接受那個苦，就不會覺得苦了。認了，這是人間世界，這是台灣鄉土，我們是台灣人，是世界的一份子，無法逃避，當下認了就不苦了。在交通癱瘓時，我們逍遙，在工作忙碌時，我們逍遙，假定我們不忙碌，我們要逍遙做什麼？莊子講人生要學做散人，那個人每天遊手好閒，我們還跟他說來學老莊，不必學了，因他已經夠老莊了。我們學老莊是為了可以做一個忙碌的人，自在就是讓我們去擔負人間更多的責任，不是只去追尋閒散，什麼事都不做，而是要擁有精神的悠閒，才能夠「所遇斯乘」，上班可以，下班也可以，上學可以，放學也可以，放晴時可以，下雨時也可以，這叫「所遇斯乘，無非遊也」。

散人散步到處逍遙

這樣的話，叫人間到處可遊，我們用兩句話來說：第一個叫「所在皆是」，人生的修養要鍊到這個地步，這叫精神的自在，我精神自在所以什麼地方都可以。「所遇斯乘」是郭象的理解，我覺得很精采。所以有時候古人一句話，很值得我們回味，我們千萬不要有科技的傲慢，以為我們現在那麼進步，以為我們超過孔子老子，其實我們連郭象注莊都超不過，朱熹《四書集注》我們超得過嗎？這要講人格品味，要講價值理想，不是講數量，像是擁有多少財富。我們搭乘飛機全球旅遊，而孔子沒有，飛機在孔子的心目中或許一點也不在意。譬如當代大財團，去跟耶穌誇說我發大財一樣的無聊可笑，世人面對耶穌都要下拜，因為祂是聖賢人物，成吉思汗、漢武帝、唐太宗誠然是功業彪炳，但功業會隨時代而過去，我們尊敬崇拜的是像耶穌、佛陀、孔子這樣的人，任何財富、地位、權勢，在他們面前一文不值。有些物事在我們面前已不值一顧，何況在那麼偉大人格的面前，因為永遠在我們生命之外。

另外一個是「當下即是」，就在當下現前逍遙，說要等明天再逍遙，那是難了，因為明天又得等另一個明天，只有一個可能，就在當下。譬如有一個人想戒菸，他說把這一條菸抽完就戒了，或說這一包抽完就不抽了。我說你不想抽的話，就從現在開始，你正在抽的菸馬上熄掉，你把那包菸丟掉，那條菸拋棄；當下即是，立即不抽，不要告訴我再抽幾天就不抽了，那是沒有用的。不抽菸也逍遙，當然另外一個可能是，抽菸也逍遙。問題在，後遺症太大，傷害了自身及親人好友的健康，既帶來病苦，怎能說是逍遙。所以戒菸的那個「戒」字不太好。像我的話，我都沒說戒，但我已經不抽了，從民國六十六年到現在，我從來沒有說要戒菸，因為我覺得講戒的話好像給自己很大的壓力，是強迫性的，而我是很自在的不抽菸，不要以為我訂出個戒律，壓迫自己不抽菸。一旦是壓迫自己不抽菸，那表示我們很喜歡，很喜歡就很難從此不抽。就算是不抽也會覺得很傷感很委屈，我們要自覺地不抽菸，而不是壓迫自己不抽菸，壓迫自己不抽菸就是失去自由，一定會討厭自己，會引發反抗，心裡常浮現的念頭是我哪一天一定要把它抽回來。所以很多抽菸的朋友，每次告訴我他已開始戒菸，我都笑一笑不置可否。我們一定要做到當下即是，且所在皆是，這叫無待，無待是沒有條件的，就在當下現前，隨時隨地都可以，那才叫逍遙。

無己則人間可遊

梁惠王給惠施一個大瓠之種，即大葫蘆瓜的種子，惠施就去種植，栽培完成，且結的果實有五石那麼大，葫蘆瓜原本可以做酒壺，但是大葫蘆瓜的質地太軟，所以當酒壺的話提不起來，「其堅不能自舉」，它的堅韌度支撐不了自己，軟弱到提不起來；將之剖成兩半，當做水瓢，但是它又太平淺了，「瓠落無所容」是很大，卻容不下多少水。當酒壺不行，當水瓢也不行，所以惠施很生氣，一腳把它踩碎。莊子就跟他說：「這個大葫蘆瓜不能當酒壺用，也不能當水瓢用，這是你惠施站在人的角度，認為它一點用處都沒有，你若站在葫蘆瓜的立場來說，那麼大的葫蘆瓜也可以把它繫在身邊當腰舟，那你不是可以帶著這個葫蘆瓜，浮浪在江湖之上嗎？那是人生多美的事情？幹嘛你一腳把它踩碎呢？」他的意思是人生不要站在我們自己的角度來看世界，以我們自己的觀點來說，大葫蘆瓜要嘛當酒壺，要嘛當水瓢，若它不能當酒壺又不能當水瓢的話，就一腳把它踩碎。你可曾想過站在大葫蘆瓜本身來看，它虛大剛好可以浮在水面上，我們可以帶著這個葫蘆瓜浮浪在江湖之上，這不就是笑傲江湖嗎？為什麼要對自己的白忙一場生那麼大的氣，一腳把它踩碎呢？

諸位想想看，人生是不是到處都有很多要我自己平反，反而帶來自我毀壞的事呢？所以站在有用的角度，我們就會說這個有用，那個無用，這個是大用，那個是小用，我們在那邊比較，所以很多人很冤枉，因為我們都站在一個有用的標準，站在社會的標準來批判每個人的存在價值，就像那個大葫蘆瓜，它在惠施的系統裡面是無用，因為有用是當酒壺跟水瓢，結果它不能當酒壺又不能當水瓢，則它無用，它無用就失去了存活人世間的價值。

莊子的意思是能否從人為升到自然的角度來看，自然就是從大葫蘆瓜本身來看，無用就是取消人為的標準，不要從人為這邊去看，我們回到自然來看的話，無用就是全世界都不要問有用沒有用，那麼任何存在都有用，所以當這個社會不從「用」來衡量人的時候，每個人都很可愛。以做為一個老師的經驗來說，只要不考試，每個小朋友都很可愛；只要不考試，每個學生跟老師的感情都很好。老師跟學生的感情不好，是因為學生只考三十分，但老師都希望學生考八十分，一考試學生就垮了，也就是以有用無用來看學生，考得分數低就被當成壞學生，通過考試來看的話，很多小朋友變得不可愛。以考試成績來論斷，成績壞的討人嫌，成績好的人見人愛，所以只要我們無掉社會價值標準的執著，我們每一個人就可以活在自己的自然天真可愛裡，這是最人道主義的處世態度。

也就是說，人道主義是不站在我們自己的標準來看天下人，而是站在對方的立場來看他，對方的立場就是站在「無用」的標準，以無掉心知執著的用來看，人人都有用，人人天真，人人可愛；無待就是要通過無掉用的標準來說，才叫無待。道家認為人生最大的壓迫，是來自於人造作出來的價值標準；如兒子天生長得好看一點，他就是讓人疼愛的好兒子，天生長得難看一點，父母就比較不喜歡他；怎麼可以呢？好不好看都是父母生的啊。

無用之用才是大用

所以，我覺得天下的模範母親應該頒給殘障兒童的母親，兒女殘障，她付出一生的愛，這真是偉大的母親。人生就是這樣，我們若站在天生好看不好看、天生聰明不聰明來衡量的話，那很多人生下來就沒有機會，道家表現出真正人道主義的立場，我們一定要找到無待與無用的人生智慧，也就是不用特定的角度來衡量一個人有沒有用，如分數、名利等，故無用之意即為無掉標準的執著，無標準則無分別，人人皆美善，人人皆天真，人人皆可愛，這是道家的理想。為什麼每個小朋友在還沒上學前都很可愛，是父母親的心肝，祖父母的寶貝，為什麼他上了學之後就開始有一半不可愛，甚至變成老師眼中的討人嫌？這是因為老師站在分數的標準，所以讓天下父母親的心情受到很大的挫敗。

怎麼讓每個人活出他的天真、他的可愛，那就要無掉用的標準，無掉用也就無所待，而所「待」者就在「用」。只要表現好一點，只要證明有用的話，就是好孩子、好學生，講這種話是很無情的，這個愛是假的，是有條件的；沒有考上學校，孩子還是孩子，這才是真正的親情；所以兒女不管考幾分，我們都要擁抱他們，且分數愈差擁抱要愈久，以爸媽的愛來彌補。我勸天下所有的父母親不要忘記兒女是我們生的，他們考不好還不是我們生的嗎？這是我女兒告訴我的，我問她怎麼演講比賽沒得名呢？爸爸以前都會得名，她白我一眼說：「還不是你生的。」我一想也對，原來是爸爸的錯，爸爸要負責。像我媽媽會演講，我才會演講，所以我演講從來不敢說自己講得好，我是代表媽媽在外面演講，我媽媽生前我就這樣跟她講：「妳不要傷感，妳現在身體不好，但是我每天幫妳在外面上課演講，所以不是我演講，是妳演講，因為沒有妳就沒有我。」兒女會不會演講，那是才氣的問題。無待無用，無用是無掉會不會演講這個標準，不用它來衡量兒女，那叫無用。我不用特定的標準來看兒女，不用特定的標準來看我的學生，這樣兒女學生就可以回歸生命本身的用，就可以活出自己的亮麗跟光采。我們無掉執著的標準，師生之間就不再有距離，跟兒女同在，跟學生同行，跟天真可愛同在同行，就不會覺得他們討人嫌，好煩人，因為他們就是父母或老師的再生，怎麼會煩呢？

逍遙遊，我們把自己解消以後，存在的世界就變得很大，因為我們沒有自己，我們跟他們同在同行，既然同在同行，則人間到處可遊，每天都是好日子，每天都是新的，當下即是，所在皆是，人間世無不可遊，天下事無非遊也。

寓言之內涵說解

◉大鵬怒飛

《莊子．逍遙遊》「大鵬怒飛」的主題寓言，說的是生命成長與轉化飛越的歷程。

「北冥」是孕育生命的大海，有稱之為「鯤」的魚子，魚子本是至小的存在，卻可以在歲月之流裡，長成不知有幾千里那麼大的一條大魚，這就是生命之由小而大的成長。

小魚不僅長成大魚，且由大魚蛻變而為稱之「鵬」的一頭大鳥，大鵬的背，也不知有幾千里那麼大。牠奮起飛翔，翅膀伸展間，幾乎遮住了半邊天。

這一頭大鵬鳥，在六月海上風動的季節，就隨著季節風往「南冥」飛去；而「南冥」之於「北冥」，不是地理位置的南北分異，而意謂天人合一之終極理想境的體現。

這一則說是主題寓言，因為「逍遙遊」的意涵已深藏其中。生命走向「逍遙」之境，一者要「由小而大」的成長，二者要「由大而化」的飛越，不然的話，「大」終將成為自己的負累。此將平面的數量之大，化為立體的品質提升。

且生命主體的修行涵養，還得跟天地自然做一結合，生命的大化與天地的大化同體流行，從北冥人間，飛往南冥天上，這是一段形而上的生命之旅，而不是從北海飛往南海之跡近逃難的遷徙流離。「南冥者，天池也」，等同畫龍點睛之筆，活現的神龍，正是人間天上的終極理想境。

「大鵬怒飛」的聲勢浩壯，是莊子「逍遙遊」的最佳寫照。「逍」是消解，指涉的是工夫的修養，「遙」是遠大，指涉的是修養工夫所開顯的境界。消解了形體的束縛與心知的執著，擺脫了形軀的拘限，也解開了心知的桎梏，生命存在得到了全然的釋放，可以高蹈遠引，海闊天空的往天上飛行，此在人間開發了形而上的天空，也就無處不可遊，無事莫非遊了。

這一「大鵬怒飛」的形上之旅，莊子說是「乘天地之正，而御六氣之辯，以遊無窮者，彼且惡乎待哉！故曰，至人無己，神人無功，聖人無名」。天地本自然，不能假借，也無須假借；六氣自變化，不能控御，也不用控御。只要自家生命與天地同在，與六氣同行，就不必等待天候地理的特殊條件，而在每一當下逍遙自在。春日逍遙，冬季亦逍遙，晴空萬里逍遙，滿天陰霾亦逍遙，江南草長逍遙，北漠不毛亦逍遙。不必等待即無條件，無條件也就無限定，那生命的美好空間，豈不是無窮無盡了嗎？

此所以「逍遙遊」重在解消人為造作，而回歸自然天真。人為造作之最，就在權勢功名的奔競爭逐，而其癥結，卻在自我的執著。無己是無掉自我的執著，也就可以無掉權勢的逐鹿問鼎，無掉功名的癡迷熱狂。因為「無己」，則功名頓失所依，人生就從權勢的枷鎖與功名的牢籠中超離出來，既「無功」又「無名」，生命也就回歸自身，既自在又自得了。

逍遙遊亦工夫亦境界，有工夫修養才有境界開顯，「逍」而後能「遙」，「遙」而後可「遊」。「大」而能「化」是「逍」，「化」而「怒飛」是「遙」，「南冥天池」的人間天上，則何處不可遊，何事而非遊，故「大鵬怒飛」正是

「逍遙遊」的精神象徵。

◉小麻雀與大鵬鳥

《莊子．逍遙遊》說大鵬怒飛「水擊三千里，搏扶搖而上者九萬里」的氣勢壯闊，理由就在要有九萬里的「風積之厚」，才能乘載這一頭大鵬鳥展開雙翼的在高空飛行，也才能背負青天，而不會在飛行途中停擺墜落。

此一道理，如同童少歲月，在庭院空地挖個小坑洞，倒水其間，置草飄其上，有如船行水中，若改放茶杯，就會膠著擱淺，那就是水積不厚，無力撐起大船之故。

而這一風積之厚的天地大化，本就瀰漫在吾人生命的周遭，夏日浮游在水塘上有如野馬奔騰的水氣，在空中流動的塵埃，或生物間也以生命氣息相互吹動，甚至蒼蒼者天，那一片深藍，哪裡會是它本來的顏色呢？而是距離太遙遠，無邊無際給出的感覺吧！設若從高空看地面，想必也是一樣的蒼蒼深藍吧！

此所以大鵬怒飛，不論是憑藉「海運」或「去以六月息」，看似有待於六月海上風動的季節風，實則無待，因為天地大化的自然之氣，早已等在那裡，關鍵在，人的生命主體，已由小而大，由大而化了嗎？

莊子在此安排了有如丑角的小麻雀，來襯托凸顯大鵬鳥的開闊視野；牠不能理解大鵬鳥何以要衝那麼高，飛那麼遠，反而洋洋自得的說道：「像我說飛就飛，直接搶上矮樹叢，有時也會出一點小意外，沒能衝上去，而一頭栽在地面上；灰頭土臉之餘，只要抖落身上的塵土，還不是瀟灑如昔嗎？大鵬老兄，你為什麼要故作姿態，飛上九萬里的高空，且往南冥飛去呢！別看我們只是一隻不起眼的小鳥，翱翔在蓬蒿之間，天地雖小，盡情適性，這也是飛行的極致啊！真的一定要飛上九重天才算逍遙嗎？」

莊子認為人世間老在名利場權力圈打轉的人，其自我定位，也不過像小麻雀一般的渺小，儘管「才學可以擔負一官之職的重任，行誼可以符合一鄉之民的期許，品德可以獲致一國之君的賞識，且贏得一國之人的信任」，看似風光得意卻被名利綁住，被權勢套牢，只有無功無名，從條件串系的牽絆中，超離解脫，那就擺脫了小麻雀的生命型態，當下自我釋放，化身而為大鵬鳥，展翅高飛，且飛向形而上的精神天地，那才是莊子所開發所證成的逍遙遊。

小麻雀與大鵬鳥，所謂的小大之分，不在形體，而在心境，有執著有所等待，生命格局的自困自苦是小，無執著無所等待，心胸氣度的自在自得是大。莊子的生命大智慧，就在呼喚天底下每一個人，要從小麻雀的生命牢籠中掙脫而出，而走向大鵬鳥之成長飛越的路。

你想要開拓全球視野嗎？請別搭乘像小麻雀的直升機，而要轉搭像大鵬鳥的七四七，你才能飛得高，飛得遠，飛向自己的理想天地。

鄭靖凡／攝

什麼時候我們會變得最好？
就是當我們不想去爭第一的時候，
會感覺世界無限的開闊，
人間到處都可以去。

齊物論——物我的平等

齊物論講求物我的同體肯定，平齊物論，萬物歸於平等，每一個人彼此欣賞，讓雙方的「是」顯現出來，大家一起得救。想要解開讓生命受苦的無形枷鎖，就必須解消心知的執著分別，在沒有分別的世界裡，我們才能得到真正的自由解放。

齊「物」之道在齊「物論」

《莊子》第一篇〈逍遙遊〉是講主體生命的超拔提升，一個人怎樣從有限的自我和複雜的天下裡面，把有限消解，開發成無限。有限消解就是「逍」，開發無限是「遙」，只有自己從有限的自我去開發出無限的自我，如此，人間才是可遊的。

我們知道不管是哲學或宗教，它關心的不光是自我，而是天下。假定「逍遙遊」是自己得救，則「齊物論」是大家都得救，從「逍遙遊」到「齊物論」，就是從自我的提升到天下的平等，萬物的平等。對儒家來說是人皆可為堯舜，由道家來說是人皆可為真人。所以轉俗成真，一定要從「逍遙遊」走向「齊物論」，否則光講「逍遙遊」，很可能成為自了漢，就不是大菩薩了。大菩薩一定要普渡眾生，儒家講修身，還要講治國、平天下，所以道家思想也在自我的超拔提升之外，再說物我的同體肯定的「齊物論」。

我們要先了解什麼叫「物論」，是齊「物」，還是齊「物論」，這在傳統的註解家，有二個解法：一個是「齊物之論」，也就是講萬物平等，眾生平等，每一個人平等，所以要講齊物，但問題是所謂的萬物平等、眾生平等，這個平等的背後總要有一個理論根據！

在某些哲學或宗教裡，不一定每一個人可以得救的，一般說來，宗教信仰的立場，是你信我則得救，那麼請問不信的呢？原來萬物要平等，是要萬物背後的宗教信仰、哲學理論平等，假定基督教歧視佛教，佛教對抗基督教，或是儒家批判道家，道家反抗儒家，如此，在不同宗派之下的萬物，在不同宗派之下的眾生會平等嗎？所以要講眾生平等、萬物平等，一定要講到不同的家派，像儒家、道家，不同的宗教信仰，像佛教、基督教，這個家派的思想、宗教的教義能夠平等，你才能做到萬物平等。所以在傳統裡面，對於「齊物論」有二種解法，一個是齊物，平齊萬物，萬物平等；另外一個解法是，平齊天下的是非，平齊宗教理論、平齊哲學思想，所齊的是「物論」。

因為平等、不平等是從宗教理論、宗教教義或哲學思想來看的，所以它一定要從齊「物」講到齊「物論」，這二者是連在一起的。我們是要齊「物」，還是去齊「物論」？我們可以肯定平齊萬物（即「齊物」）這個說法是沒有問題的；問題是，萬物要平等是跟萬物的存在理論有關連的，假定沒有儒家的「性善說」，我們對人性的信念是很難建立的。人性要平等是要從儒家的「性善說」奠基，此儒家的「性善說」就叫「物論」，或從道家的《道德經》和莊子的《南華經》，才能理解「人」是什麼，人生路要怎麼走。「物」是人物、萬物，它或許是萬物，但主要是講人物，平齊萬物也是平齊人物，這人物是眾生，萬物也是眾生。

物論是從存有論而來的價值論

什麼是「物論」？「物論」即解釋萬物是什麼，如何看待萬物的一個理論，一定要通過宗教信仰或哲學理論，人若沒有「物論」，只能稱為「生物」，即「生物學」的生物，「生理學」的生物，X光透視的生物，雷射掃描的生物，這樣的生物就是只有生理官能的集合體，那麼人就沒有尊嚴。我們都不喜歡看醫生，因為我們在醫生面前，只剩下生物和生理，所以到那個地方，我們沒有尊嚴，只有生理官能欲求，我們不喜歡被透視，不喜歡被掃描，因為那個時候我們是「物」，我們少了一個「論」。

我們在某一個宗教信仰、某一個哲學理論裡面，會找到人物存在的理論基礎，最簡單的說法是「性善說」，物有物性，人有人性，而且這個「論」就是告訴你，人性有「善」，然後才知道原來人是有尊嚴的，才知道原來我們可以頂天立地，可以與「天地」參，不然的話，人很軟弱的啊！人的脆弱，禁不起任何意外，禁不起一場病痛，人的生命可能快速消失，所以做一個人、一個人物，你一定要找到這個「物論」。人在「物論」中，儘管生命短暫，但我們活得很有尊嚴，我們在每一分、每一秒的剎那間展現生命的無限性。我是一個基督徒，我是一個佛教徒，我是天帝教徒，我是儒家的信徒，我是道家的實踐者，就不一樣，不光是每日三餐，每天二十四小時，突然間每一分、每一秒都不同，因為分分秒秒都有天道、天理、良心、慈悲、博愛，突然間你不同了，所以「物論」就是萬物存在的理論基礎。

萬物存在的理論基礎，不是指生物學研究的那部分，也不是指生理解剖學研究的那部分，我們是講做一個人的價值、尊嚴在哪裡？所以，萬物存在的理論基礎指的是哲學和宗教，因此你要平齊萬物，一定要平齊「物論」，從現代的語言來說「齊物論」，我賦予一個最簡單的說法——各大教平等。佛教、基督教、回教、儒教、道教……，各大教平等，只有各大教平等，全球性的眾生平等才成為可能，不然我們看到異教徒，老是覺得他不大行，也許對他充滿了悲憫，覺得他好可憐，怎麼沒有信我們的教。但事實上我們並沒有把他放在平等的地位來看，所以這就變成立身當代的主要課題，因為在當代感受比較深切。

從天道往下看眾生平等

本來宗教是要救人的，但是宗教的偏見反而產生各大民族、各大國度之間的衝突，原本要救人，卻變成戰爭的導火線，當真是從何說起啊！要解決這個問題有兩個方式，第一個方式是統一。我們將全世界的宗教信仰統一，只有一個教，全世界信仰一樣，那就不會產生信仰之間的分歧、歧視、對抗，甚至戰爭，所以把宗教信仰統一，問題就解決了。但是我們知道，宗教是不能統一的，從以色列和阿拉伯的例子就知道，宗教根本不可能統一。也許什麼都可以統一，就是宗教信仰不能，你不能夠否定對方的宗教信仰，因為宗教信仰是一個民族、一個文化最高的地方，最後的地方，那是整個民族國度的靈魂或生命的所在。所以你絕對不能反對人家的宗教信仰，因為在這個地方是不能讓步的，碰到上帝、碰到佛是不能讓步的啊！任何統一的企圖，絕對是做不到的，是不可能的，而且恐怕後遺症會太大，所以用政治的力量、用軍隊、用飛彈、用坦克車去統一宗教是不理性的，也不可能的，他就跟你拚了，他整個民族跟你拚了，用幾千年跟你拚，怎麼可能統一？

第二個方式是取消。宗教既不能統一，那我們將宗教取消，不就沒有紛爭了嗎？因為我們的偏見是從宗教信仰而來，今天把宗教信仰取消，不就完滿了嗎？對！也許，但是人又會回復到原始的「人」，又回到原來物性的我，我們是從原始進化到現代，只因有宗教，人物的存在才有尊嚴，才有所謂的永恆，才有理想，才有平安哪！從「物」到「物論」，這當然是一個文化的進程，現在因為宗教信仰產生分歧與對抗，你發覺這宗教已經成為我們的負擔，那乾脆把它取消好了。但是，把它取消以後，我們又成了原始的「人」，又變成生理官能的人，X光透視的人，超音波掃描的人，沒有尊嚴、沒有價值的人，那不是回到原始了嗎？所以這兩條路都走不通。

宗教不能取消也不能統一

我們不能沒有宗教，不能把它取消，取消的話，回到原始；也不能把它統一，統一的話，一定引起生命最根處的悲痛感。你或許可以征服我的國土，但是假定你要取消我的宗教信仰的話，那恐怕是沒完沒了的恐怖抗爭。所以，不能取消，也不能統一。既然不能取消，也不能統一，莊子找到第三條進路。我不能將它取消，不能將它統一，又要這個物論，這個宗教信仰的理論，這個哲學思想的理論，總是要有的，這樣我們才不會變成生物，才不會變成萬物。我們是人物，人物是有靈的，人為萬物之靈，這「靈」就在我們的「物論」，人物、動物都算萬物，但是人有「物論」，動物界沒有宗教信仰，動物界沒有哲學思想，所以你要讓物論存在（即讓宗教信仰、哲學思想存在），讓我們覺得有尊嚴。但它卻產生了各大宗教、各大哲學家派之間的分歧、歧視、對抗、破裂，這該如何是好？

我舉一個很簡單的例子，我們希望我們的孩子好好讀書，要讀書才會有尊嚴，因為可以從中懂得一些做人的道理、一些哲學的理論，所以要讓下一代讀書，知書達禮。但是讀書一定會讀不同的大學系所，這各校之間怕是有一點分歧，而且還有一點歧視，你要他念大學，又不要讓各大學之間相互對抗，這就是我們要做或教育部要做的努力。那麼我們把大學取消就沒有問題了吧！不能取消啊，一旦取消，沒有了大學，我們很難成為有競爭力的現代化國家。然而有了公私立大學之後，大學之間相互看不起，不就又成問題了嗎？而大學裡面還分學院，有理學院、工學院、農學院、法學院、文學院、醫學院……，如果各學院彼此看不起就很麻煩，因為我們需要工學院的人才，也需要文學院的人才奉獻心力，顯然地，各學院都重要，不能取消的。當然，也不能統一，把所有文學院的學生帶到了工學院上課，全部都是工學院，全台灣都是工學士，那就沒有人文方面的人才了。我們要不要文化，要不要音樂，要不要藝術呢？要不要詩歌，要不要戲劇呢？要不要哲學，要不要宗教呢？

總說既不能取消又不能統一，那只有一條道路，即莊子所講的各大學平等的齊物論；都是台灣的大學，不要分國立、私立大學。私立大學反對冠上「私立」的名號，我們今後不要稱私立東吳大學、私立輔仁大學，講東吳大學、輔仁大學就好，為什麼要加「私立」二字？這產生一點歧視：「噢！私立的！」好像就矮了一截。不管是國立或私立大學，對國家都有貢獻。所以各大學平等，我們不能把大學取消，也不能把大學統一，因為各大學有不同的特性，不同的風格。不但要各大學平等，各大學院平等，還要各大學系平等，一個學院裡，外文系比較吃香嗎？中文系比較冷門嗎？還是哲學系最冷門呢？是故要各大學系平等，如此不但有大學的好處，又不會掉落在因大學的優越感而互相看不起的困境。

儒家天生本善，道家天生本真

你要齊物嗎？要萬物平等嗎？那一定要讓各大教平等，因為每一個人都活在各大教裡，各大教平等才會全球平等。否則，佛教否定基督信仰，儒家批判道教修鍊，不同的信仰之間，不給對方平等的肯定，在此情況下說萬物平等是假的。很顯然地，你認為對方是異教徒，認為他不能得救，若我們只救自己人，不救異教徒，我想這違反了整個宗教的精神。所以，莊子講到的第三條進路就是不取消也不統一。

儒、道、佛、耶、回五大教，這五大教的人本來是「物」，五大教的教義叫做「物論」，儒家物論、道家物論、佛家物論、基督教物論、回教物論，都各有一套理論，很多人在這理論裡面找到自己存在的尊嚴，自己美好的前程，自己未來的希望，自己遠大的理想。你沒有在這裡面的話，你只是生物，你要得救只能靠醫生，但是現在我們知道，得救不是靠醫生，是靠佛陀、靠基督、靠天道、靠天理、靠真主哪！這是不同的啊！所以我們不能把宗教取消，但是也不能用儒家統一所有宗教與家派，要儒家去統一所有物論，連我們自己都不贊成，也覺得不應該，就算人家願意，我們都說不可以，何況是人家不願意。你們信你們的回教，我信我的儒家，大家互相肯定，互相欣賞，彼此尊重，彼此包容，我們會這樣說，那是因為我們有莊子的〈齊物論〉，老實說，中華民族的宗教包容力是世界最強的，舉世無出其右。

齊物論現代版是各大教平等

儒家講和而不同，講道並行而不相悖，但莊子的〈齊物論〉才真正給了這個理論基礎，我不統一也不取消，但我怎麼辦呢？莊子的可能性就是：你一定要越過儒、道、佛、耶、回，從各教跳脫出來再超越上去，在五大教之上往下看，各大教平等。各大教平等，所以各大教的信徒平等，這可能是〈齊物論〉的真正意涵。我們能夠說，不一定由我們儒家來統一各大教，這是因為我們覺悟到，我們要跳開本土的儒家之上，跳開自家傳統的道家之上，去肯定佛家，肯定基督教，肯定回教，這樣才是一個宗教信仰最開闊的心胸，最有前景的宗教發展，否則宗教一邊救人，卻也一邊害人，就像伊拉克號稱「聖戰」所引發的災難。

各大教能夠平等，然後宗教才不會成為世界和平的負面因素。莊子講〈齊物論〉，現在有個重大的問題，道家講齊物論是不是把五大教都平齊到道家來（即以道家為主）？齊物論不可能討論五大教，齊物論只講到儒、墨兩家，它講儒墨的是非，儒家仁愛，墨家兼愛，都是愛；儒家救人，墨家也救人，在春秋戰國時代他們都號召天下志士，透過愛來救人。但顯然墨家先反對儒家，隨後孟子才批判墨家，墨家批評孔子的理論，而孟子反擊，把墨家說得一無是處——禽獸也。孟子說楊朱、墨翟那種理論是禽獸也，他不是罵人，他的意思是說，按照墨家的理論，不看重自己的父母親，把自己的父母親跟天下人看成一樣的，那豈不是人間的倫理沒有了嗎？人間的倫理沒有了，等於是鳥獸的世界，鳥獸的世界是不知有父，亦不知有君的，無父、無君就是飛禽走獸的世界，因為和鳥獸一樣。所以孟子不是做人身攻擊，他的意思是說楊朱「為我」是無君，墨家「兼愛」是無父，人之所以為人，是知道有父、有君，君王是代表政治社會的群體理序，墨家的學說讓人又倒退回到山林田野的世界，和鳥獸一樣的世界。

就莊子來講，儒家、墨家是當時的顯學，那時候整個時代最精采的人物就是儒家、墨家，而最精采、最有愛心，且出來救世的人，卻互相看不起，那這世界哪裡有希望！各大教都要救人，各大教彼此看不起，那這世界就沒有希望了。因為這各大教是最值得尊重的，結果卻互相把對方貶低，請問人類的希望在哪裡？儒家、墨家是最值得尊敬的人，而這些最值得我們尊敬的人，竟然彼此看不起，春秋戰國時代的希望在哪裡？所以莊子說儒墨的是非，就是儒家自認為「是」，把墨家看成「非」，成了我「是」你「非」的對立態勢；而從墨家來看，我是對的，你儒家是錯的——依然落在我「是」你「非」！莊子想到一點：可不可能我們得到一個結論是儒墨都對，唯有儒墨都對，春秋戰國時代才有希望。

齊物論國內版是兩大黨平等、兩岸平等

然而，從儒墨各自的觀點看，都會把對方看成錯的，結果這兩大學派互相抵消；這世界有兩個好人都出來救人，這兩個人每天卻在那裡相互對抗，忘掉他要救人。就好比在台灣，兩大政黨都為台灣奮鬥，卻只因為彼此在對抗，每個法案都通不過，從何說起！你從國民黨看民進黨全不行，從民進黨看國民黨更不行，現在只有靠台灣兩千三百萬同胞了，我們超越在國民黨和民進黨之上再往下看，我們可以肯定國民黨，也可以肯定民進黨。我們希望這兩黨發揮他的所長，政黨政治要制衡，一個執政黨，一個在野黨，就產生制衡競爭的力量，這樣的話，台灣有希望，因為兩個政黨中最好的人才都出來了，兩黨的菁英、兩黨的理念、兩黨的才學都貢獻給台灣，台灣才有希望。

此外，我們希望台北與北京是一個良性的競爭。假定我們可以越過台北與北京之上，讓台北發揮它最大的功能，讓北京發揮它最大的功能，而不要台北和北京相互抵消，你看不起我，我看不起你。北京想盡辦法讓台北沒有參加國際社會的空間，那是什麼意思呢？所以要平齊儒墨的是非，平齊兩個政黨，平齊台北跟北京，當然我這樣說不是泯滅是非，我們希望能夠把雙方的「是」都顯現出來，才能形成「大是」，亦即大是大非。也有人落在小是小非，你看不起我，我看不起你，這叫小是小非。大是大非是儒家的精采、墨家的精采都顯發出來，這是莊子〈齊物論〉的精神。

越過儒墨同時看到儒墨

〈齊物論〉是古今中外少見的寶典，而且切合當代問題，這一篇文章將來一定會發揮更大的功能，我們希望各大教都念這一篇，它的意思是超越儒墨，才能回過頭來肯定儒墨、看到儒墨。譬如中西文化交流，若站在各自的角度，彼此看對方都不對，我們要越過中西，然後再回過頭來同時看到中西；要保存自己的長處，也要學西方的長處，未來才會有希望，而不要老是用自己的長處和西方的長處對抗，因為這樣的話我們也只是保有原來的長處而已。所以齊物論的精神，就是希望你越過中西雙方，同時回來肯定二者，我們要消化西方，才可以融會中西之長。你一定要有莊子齊物論的精神，超越過去再肯定它、消化它，然後成就我們自己，成為我們的生命養分。所以對於其他的宗教愈包容的家派，愈有希望，我們愈包容其他的教派，我們的教派愈有希望，因為你的心胸開闊，你可以看到別人的長處，可以肯定別人的長處，同時也能回饋你自己，讓你在自己的宗教裡成長、壯大。

莊子的〈齊物論〉主要是談儒墨的是非，我今天把它擴大為中西文化，再擴大為世界五大教。在莊子的時代是儒家、墨家的問題，今天是東方跟西方的問題，然後我們再將它縮小，在台灣是民進黨和國民黨的問題，而台海兩岸是台北與北京的問題。我們希望能有齊物論的精神，但是有這一包容的精神，並不表示我們要認同馬列主義，或是認定所有的一切體制都對。像民進黨我也不認為它什麼都對，那國民黨也有很多方面要有痛切反省，我們是希望大家的「對」都朗現出來，大家的「是」都凸顯出來，成為「大是」。若你「是」他「非」則互相抵消，要知道當時有一半的人是墨家，你對他錯，那整個國家的希望豈不是剩一半了嗎？而且他又把你拉住，那不就沒有希望了，因為是非相抵等於零，一正一負就沒有了。兩家的「是」都凸顯出來，我們才有「大是」，也就是共識。

我們希望台灣人有共識，但是大家都只是口說而已，好像你跟我一樣就是共識，但大家都在等待對方跟我一樣。以國民黨的立場來說，假如民進黨是國民黨的話，那台灣很有希望；但以民進黨的立場來說，假定國民黨都跟我一樣的觀點，台灣就有希望。然而這是不可能的，那該怎麼辦呢？必須大家暫時跳出國民黨與民進黨的立場，再回過頭來肯定對方的論述。現在國民黨內部又有主流派和非主流派，民進黨內部有新潮流和美麗島，有的是台獨，有的是獨台，你越往下分越細，我們的希望越無法往上提升，若要往下分的話，一個村子都不能合作的，左右鄰居相處都有問題的。我們多希望左右鄰居能超離自己而互相看到對方的對，讓整個公寓有一個社區倫理，大家一起講求安靜，講求衛生，如此家居生活才會安好。這樣由公寓社區，再擴大為村落市鎮，到整個縣或全省，甚至整個國家，最後遍及全世界——世界變成一個地球村。

從環保生態來說，地球村的思考正是最迫切需要的，所以〈齊物論〉很有價值，你越往下分，大家越分裂，越互相看不起，不如跳開雙方的立場，回過頭來對對方有一種包容、尊重和欣賞，互相肯定，然後產生一個整體的和諧，這才是我們希望的所在。

不是單行道，而是雙線道

莊子走的第三條路，不取消也不統一，他走超越的路，超越上去再回頭肯定，如此雙方的「是」都出來了。這在莊子稱為「因是兩行」。

五大教都道並行而不相悖，可稱之為五行，而單指儒墨二家並行不悖稱兩行，兩條並行的雙線道。不要把世界上的路都變成單行道，大道之行也，天下為公，怎麼可以只有你這一家派可以走，別的家派不能走，但是〈齊物論〉只講兩派——儒家、墨家，所以莊子說「兩行」。所謂「因是」，就是要把另外一家的「對」顯現出來，墨家因儒家的「是」，儒家因墨家的「是」，不是因非喔！因非就沒有前途了，只看到儒家的缺點，或只看到墨家的缺點，兩家的缺點加在一起等於沒有希望。

我們希望台北和北京的缺點不要加在一起，而能將彼此的好處加在一起，這叫做「因是」。因雙方的是，然後讓雙方的「是」都並行在未來的路上。我並非把雙方的政治立場完全抹殺了，而是就我們整個精神上而言，要因是兩行。「因是」，則五大教的「是」都顯現出來；「五行」，五大教同時開出人類的前程，這五行並非指陰陽五行，是五大教並行的意思，道並行不相悖。

這麼說，莊子已經架構出五大教平等的理論基礎在哪裡，要肯定五大教平等，不是說了就算數，孔、孟在前，莊子的理論真的可以在諸子百家中一言九鼎嗎？一定要有理論基礎，為天下人所認同才行，是故莊子提出「齊物論」。

物論平等，萬物才平等

莊子提出「齊物論」即要齊「物」，但他發現先要齊「物論」，「物論」要如何能齊呢？要「物論」齊了，「物」才能齊。如何齊「物論」，莊子有他整套的理論體系，這套哲學理論在《莊子．齊物論》的第一段。方才我們說，儒家講性善，道家講天真，所以道家最喜歡嬰兒，因為嬰兒最真，而道家的理想人物叫真人，所以神仙界的人物都叫真人，是體現道的修養境界，而儒家則是聖賢，這是兩家的物論。天真與性善二者是可以相通的，只是儒家首重在善，道家首重在真，這個理論就是莊子「萬竅怒呺」的寓言。

其中最重要的幾句話：「夫大塊噫氣，其名為風，是唯無作，作則萬竅怒呺」，「大塊」指整個天地的意思，「噫氣」是吐氣，天地間吐了一口氣，這個氣叫做「風」；「是唯無作」，「是唯」是除非，「無作」是不升起，除非這個風不起，風一起，鼓動天地間的氣化流行，這氣化流行而為宇宙長風，宇宙長風吹向大地，大地有萬種不同的竅穴，如林木、山石、河谷等獨特地形，有殊異的構造，有大大小小不同的形狀，所以風吹過來，通過萬種不同的竅穴就發出萬種不同的聲音，這一「萬竅怒呺」就叫做「地籟」。地籟是大地的交響樂，萬竅發出萬種不同的聲音，就像七孔笛不同的孔道就發出不同的聲音。天地間萬物所發出的聲音都不同，說萬竅怒呺，有如大鵬怒飛，「怒」是無所保留地發出生命的樂音，每一個人各有不同的形體，也吹奏出不同的生命樂章，這叫「人籟」，所以莊子說：「人籟則比竹是已。……」敲打樂器時，並列的竹子大小長短不一，敲出來的聲音就不一樣，那麼天下人的形狀不同，發出來的生命樂音也各有不同，不論「地籟」與「人籟」，二者都是有聲之聲。

生命樂章是人籟，大地交響樂是地籟

比如我的一生就是我的人籟，而每個人的一生都有自家的人籟，整個大地總體發聲就是地籟，那個籟就是生命的樂章。譜出樂章有美感，人家才會喜歡我們，來欣賞我們獨特的曲調、節奏與旋律。生命的樂章，人人不同，每一個人各有才氣性向，都有自家的精采。你天真，我天真，大家都是真的，這叫人籟。你的真跟我的真，跟他的真，加在一起，一體和諧引發共鳴是為地籟，地籟是整個大地的交響樂！每一個人如同一個樂器，全體演奏就是地籟，每一個人不一樣，每一個物不一樣，莊子說「咸其自取」，你要發出什麼聲音，是由你的形狀自己決定。

我曾在《聯合報》發表一篇文章〈做我自己〉，背後完全是儒家和道家的價值觀。

做我自己不是封閉，不和別人來往，是每一個人都有獨特的個性，每一個人都是真的，每一個人都可欣賞，這是人籟之真。你是真的，他是真的，全班同學都是真實美好的，這叫地籟之全。而人籟之真與地籟之全，就是天籟在人間的彰顯。

在「大塊噫氣」之下的「萬竅怒呺」，各大教派的教義皆「咸其自取」，比如儒、道、佛、耶、回，各有自家生命的樂章，是為人籟之真；綜合這五大教就是地籟之和！五大教各有不同，才讓人覺得多采多姿，而值得欣賞。然而莊子要問的是：萬竅怒呺既是宇宙長風吹起才有的，那麼風又是怎麼來的呢？那是天地在吐氣啊！

天道是發動者，又給出自由的空間

莊子問的問題是：「怒者其誰？」假定風不來的話，萬籟就沒有聲音，就是萬籟俱寂，就像沒有聲音、沒有色彩的世界，是寂靜的春天。假若自然生態被破壞殆盡，這世界就要變成沒有花香沒有鳥語的世界，那人間的美好在哪裡？每一個人都沒有譜出自己生命的樂章，這世界亦是死寂一片，如同一批機器人走在路上，既沒有感情，又沒有理想。那麼，人生哪有什麼好活的？都沒有人性，都沒有愛心，沒有價值的自我認取，人間如同虛空般的一無所有。

「自取」，是因為風生起，風不起，你的自取要從哪邊來？「取」是因為天地吐氣成風，風吹過來通過你的竅，你才會發出聲音。怒呺，就是盡情的發出自家的聲音。看起來是「咸其自取」，每一個人都在發出自己的聲音，自己認取的，但你的取必須取自天地之氣，因為要有天地吐出來的氣，宇宙才有風，宇宙有風，萬竅才會發出聲音。風停了之後，萬竅沒有聲音，所以「怒者其誰」，就是「大塊噫氣」之無聲之聲的天籟。

天籟本來是沒有聲音的，是無聲之聲，風沒有聲音，我們聽到風聲是因為風通過樹梢，風通過竅穴，所發出來的聲音。風本身沒有聲音，所以風是「怒者」，是發動者，這個「怒」字是「發動」的意思，把氣吐出來就是生出氣來。風通過大地，通過萬竅，通過每一個人，才發出聲音，現在我們聽到的是有聲之聲，萬竅的聲音，萬人的聲音，實際上都是從沒有聲音的天籟來的。所以天籟是無聲之聲，此曲只應天上有，人間難得幾回聞，人生要能夠聽到沒有聲音的聲音，我們才到達很高的境界。套句武俠小說所言，沒有招的招式才是最高的，他隨時隨地都有創意，他因應融入這個情境，他舉手投足都是新的招式，那才是最奧妙的。當下就生起，不是套招，套招是可道，可道非常道，可道是一定的招數。套招已經成套的了，就在成套裡演練叫套招，常道卻是沒有招的招，這叫無聲之聲的天籟。

人籟之真與地籟之和，就是天籟

從這個地方來說，儒家墨家的真就是人籟，儒家墨家的和諧就是地籟，儒墨二家不是從天直接降下來的，但儒家是人，墨家是人，不都是從人性發展出它的人生理論嗎？而這個人性是天性啊！沒有天哪裡有人性呢？「天生德於予」，然而天本無形，是看不到的呀！所以我們現在都活在對某一個聲音的追逐，卻忘了所有的聲音都是從沒有聲音的天道來的。老子說：「天下萬物生於有，有生於無。」天下萬物生於有，我們都只了解「有」，而道家的精采跟智慧，是要你體會到「無」，莊子是把老子道體的「無」說成無聲之聲，所以你知道「怒者其誰」，就是天地大塊。如此儒墨才平等，物論平等的理論基礎，那是因為都從天道來的。

你從人籟來說的話，每一個人都不一樣，從地籟來看的話，百花不一樣，但是百花都是天生的花，都是天女散花，沒有天哪有百花盛開，所以百花相互來看是不同的，此花與彼花是不同的，倘若花要比賽誰是花之王？誰是花之后？很難取捨。從整個天地的安排，每朵花都是一樣美的，都是天道生的，所以花展要選王封后，看是要比鮮豔，還是比長久，比淡遠，還是比濃郁，如此才顯示出花世界的多采多姿，有聲有色。從天往下看，所有的花都平等，若從此花看彼花，則永遠都不平等，紅白二花互相說對方不對，如果桃花紅，李花白，二者皆能互相襯托，就能形成花園美景。要如何才能看出它是花園美景，要從天看，原來所有的花都生自天籟的無花之花。

所以，一定要從天籟往下看，則五大教平等，五大教最後還是講到最高的，最高就是天，不管是佛、基督，還是真主、天道、天理，都是天啊！宗教有它的道、教義、儀式，有禮樂，有讚美詩，都很動人，宗教的音樂、宗教的藝術之所以動人，是因為它通過最高的價值根源、最高的靈感創意寫下的音樂，所以不同於流行歌曲。「流行」就是一下子就成了泡沫，雖然新潮，但很快就流逝。宗教的舞樂是永恆的，你只要聽到禮讚頌樂的話，就覺得那「天」就在你的眼前，人世間所有的人籟、地籟都是天籟啊！

萬物平等的理論基礎在天籟

儒家、道家、佛家、基督教、回教都是人籟，因為創教者是在某一個國度，在某一個文化領域創出這個教，是開創出來的，所以叫咸其自取，但他是取自於天。中國的宗教、印度的宗教、希伯來的宗教，傳到世界各地，佛教有多少家派，基督教有多少家派，它都是咸其自取，聽起來聲音都不一樣，儒家、道家、佛教、基督教、回教都不同，它是自己認取的，但是根源都是同一個發動者，都是「天」。我們就從這個「天」

來看，各大教一定平等，從天來看，儒墨也平等，不管他是資本家、政治家，是藝術家、文學家、舞蹈家；一個政治家是要用天理來主政的，藝術家、音樂家的靈感，舞蹈家、雕塑家的創意，都是從「天」而來。

政治家、音樂家、舞蹈家、文學家、藝術家都不同，但都是由無聲之聲的靈感創意而產生各種不同的藝術風貌，所以希望音樂家不要看不起文學作家，畫家不要看不起雕塑家，只要是「家」，一定是自「成一家之言」。一家之言的「家」是從「通古今之變」來的，通古今之變是從「究天人之際」來的。看起來是「家」，能成為「家」，是因為你通古今，而你能通古今是因為古人今人都是人，而人性都是天生的，此即「天命之謂性」！現在我們看到的家派都是一家，宗教也只是一宗，但這個大教一定要通古今，要歷經幾千年才能成一個大教；而它為什麼能通古今，為什麼能傳承幾千年？那是因為它承自最高的天。

既然是最高的天，從天往下看，則各大教平等。假定有某一個家派只講神通，那它一定不是大教；某一個廟宇，只給明牌，它不是大廟。因為你的明牌應該給每一個人，怎麼只給少數人，既眾生平等，就該普渡眾生啊！你為什麼光渡那兩三個，而且那兩三個也不大感激你的，哪一天這個明牌不準的話，他就把神像流放到大漢溪。

萬竅怒呺就是《莊子・齊物論》的理論基礎，都是「天」籟，從天往下看一切皆平等。很簡單的一個例子，兄弟姊妹之間，哥哥看弟弟不對，姊姊看妹妹不對，你現在跳開兄弟姊妹的立場，在兄弟姊妹之上，就是父母，從父母往下看，四個兄弟姊妹平等，每一個子女都很可愛的。從天籟看地籟、人籟皆平等。

人體的天籟在真君

比較人文的說法，整個宇宙、世界叫做天下，再濃縮在自我來說，每一個人都有百骸、九竅、六臟，這是莊子說的，是否符合當代的醫學理論，則另當別論。百骸、九竅、六臟，構成人的生命體。莊子問：你是喜歡所有的生理官能，還是特別喜歡其中的一部分？有的人特別喜歡胃部，因為他比較好吃，有些人特別喜歡肺部，因為他比較喜歡爬山，呼吸新鮮空氣。莊子認為特別喜歡某一個官能是不可能的，「……吾誰與為親？汝皆說（同「悅」）之乎？其有私焉。」因為我們同時需要百骸、九竅、六臟，你哪能私心偏愛哪一個！既無所偏愛，百骸、九竅、六臟都等同臣妾般的地位。何以皆如同臣妾？因為從君而言都是臣，從妻來說都是妾，臣妾不能做主，何者可以做主？莊子說「其有真君存焉」？真正做主的是超脫形體之上的「心靈」。

每一個人都有心，若心都是一樣的，怎麼會有儒墨的是非呢？我有心，你也有心，我們的心一定相通的，一定會感應，一定能會通，亦即心心相印。既心心相印，怎麼會產生人我之間的誤會、對抗？對此，莊子給出了解釋。你的「心」一定落在一個形物中，這形物稱形軀，可以做主的叫真君，真正可以主宰生命的是人的「心」，莊子不大看重形物，他認為價值的認取與展現就在「心」。從天地往下看，萬竅都一樣，從真君往下看，百骸、九竅、六臟都一樣。

從心來說，心是無限性的，我們的心在一起的話，我們就可以貼心哪！心是可以貼在一起，心不貼在一起，是因為形體的障隔，於是我們坐公車時就討厭別人擠過來，因為擠過來之後，你就沒有空間了，但你的反射動作一定是會讓一點空間出來。我們不喜歡在公車上彼此擠迫形體，但是我們不會厭惡心的貼近，尤其是相知的朋友，越相知就越貼心，越體貼我們的感覺越好。但要是形體越擠過來，就越壓迫我們，所以「心」落在「形」中，是人生有限性的開端。

比如說，愛心落在阿拉伯或者是印度，它表現出來的形式一定是不同的，天理落在黃河流域或者是長江流域，它表現出來也不同，南方楚地是道家，北方魯國是儒家，韓、趙、魏三晉是法家，那齊國、燕國比較接近海，是陰陽家，這就是「形」氣不同啊！一樣的天理，一樣的心，落在不同的傳統與不同的形氣就有不同的風格表現。

心落在形軀，一在成形，二在形化

所謂成形，莊子說「一受其成形」，主語是心，「心」落在「形」中，「心」通過形氣表現出來，「心」也受到形氣的拘限，本來我的心是通向天地萬物，現在心已落在「形」裡面，落在我這個人的身體裡面，它已經跟我密不可分，成為一體。而我的愛心一定要通過我這個人去表現，我的愛心要通過我的才學去表現，譬如說：我要參與台灣社會一定是通過我這個人，我不可能把自己想像成另一個人去參與，因為「成形」了嘛！形已成，已定形，就是限制，所以說「吾生也有涯」。才有高下，氣有強弱，心通過才學志氣表現，同時也受到才氣的限定。所以成形之後，你是你自己，你不可能是別人。

成「形」之外還有「形化」的問題。「形」是會變化的，我只是我，我會從童年、青少年、青年的成長，走向事業有成的中年、壯年。「壯」走向老，老子說的「物壯則老」，壯之後，一定要往衰老走，反正我們都「壯」過了，老也沒有遺憾。少年、青少年、青年、中年，每一個階段都活過來，沒有什麼好遺憾的，人生有不同階段的精采與美好，這叫「化」。

無形的心，不會像形體一樣，形成人我之間的障隔。每一個人的心都一樣，都是愛心，都是美好，所有人生的問題都是我們的「心」落在我們的「物」。伊拉克的出發點，它一定跟美國不一樣，跟沙烏地阿拉伯、敘利亞和伊朗不同，回教世界已走向分裂，但信仰的真主都一樣。真主就是莊子所說的真君，從人物說真君，從整個宇宙說真主，我們的信仰尋求終極的依靠。就人來說，心很重要，因為它是百骸、九竅、六臟的真君，那世界為什麼教派分裂、立場分歧呢？那是因為每個人的真主落在不同的傳統。不同的時代，不同的國度，它就表現不同。成了「形」就是一個限定，因為你成了你自己，就不可能是別人，所以人生千萬不要想做別人，做別人是不可能的，而且會讓你自己很落寞。為什麼我們落寞，因為我們失落自己啊！為什麼我們悲傷，因為我們不是自己啊！很多的寂寞、悲傷，就是你對不起自己才引生的，很多人不知道，每天學做別人，學做別人是絕望的，因為你不是他，學了半天，你仍然不是他，不如回頭來做自己，還比較有希望，這叫「人籟之真」。

成形有是非

人籟之真，地籟之全，就是天籟。所以每一個人做我自己就是天籟，因為我的天生的性，就在本德天真，我做我自己，我就是天籟，因為我是天生的，天通過我身上的形氣才性發聲。心落在形，形成兩個問題，一個是「形化」，一個是「成形」。成形就產生「彼是」的問題，我成形了，但是另外一個人也成形喔！於是有「彼」與「此」，「你」與「我」相對立的問題，即人與人之間的問題。我們說彼此之間，這個「此」是指我、我的立場，「彼」是指對方，我以外的任何一個人都是「彼」，我跟爸爸也是「彼此」之間，跟媽媽也是「彼此」之間，兄弟如此，朋友亦然，陌生的人更是，因為兩個人都各自成形了，我們不是同一個人。而天下的心，是無形體的障隔，心跟心可以感應。心一本而形萬殊，因為落在不同的個體上，落在萬竅，萬竅怒呺，落在萬種形狀就有萬種不同的風貌，更何況還不止萬象，是幾十億人口就有幾十億的不同形體，每一個人都不一樣，各有天分才氣，所以成形就有「彼是」的問題。

有「彼是」的問題，就會有「我對、你錯」的問題產生，所以人生第一個問題叫「是非問題」。我們兩人相處在一起，我都認為我對、你錯，這表示我是非的判斷標準很簡單，只要是跟我不一樣的，都不對，我都不喜歡，跟我一樣的都對，我都喜歡。你看人我間的分別差多少，兄弟比較好相處，那是因為我們都是爸爸媽媽生的，「本是同根生，相煎何太急」，但不是同根生就差一大截了。「成形」就會產生你我的問題、心知的介入，進而衍生是非問題，那麼「形化」呢？

形化逼出死生

「形化」的問題很簡單，現在醫學上發揮一點功能，能夠讓衰老取消。人之所以動外科手術是為了要青春永駐、長生不老，就是因為你的形會化，形化到最後成了死生問題。死生問題是人生的第二個關卡，而且是最嚴重的關卡，只有靠宗教來解決，哲學很難化解。是非問題在哲學上還可以獲得理解，有所指引，它建立一個客觀標準，來檢驗什麼是對，什麼是錯，但遇到死生問題，哲學無法讓人得到解脫，唯有宗教才能夠解決永生的問題。

儒墨的是非，儒家與墨家談的是人間天下的問題，也許儒家願意肯定墨家，墨家也可以肯定儒家，就得以化解，然而每一個生命自我的死生問題呢？你五十歲的心情跟二十五歲的心情一樣嗎？你七十五歲時可以保持五十歲的心情嗎？這蠻重要的，所以莊子最大的感傷就是：「其形化，其心與之然。」「形化」就是我們在變老，「其心與之然」就是我們的心也跟著老去，我們希望我們的心永遠年輕，永遠年輕就是保持現狀，不要跟著歲月往下掉。人事滄桑，滿臉的風霜，我們一生的憂苦都在臉上，都在眼神，一生的悲痛都在心頭，那當然老啊，風霜是形軀的老，悲愁是心靈的老，在生命歷程中，你一路把這些傷感悲痛給帶過來，因為承擔了太多是非的壓力，面對生死大事的無可奈何，宗教與哲學一定要解決人生悲苦傷痛的問題。

心知是「心」執著「形」

青春要永駐，長生要不老，年輕跟年老顯然是一個分別。以儒家的立場來看，儒家是「是」，墨家則「非」；以墨家的立場來看，墨家是「是」，儒家則「非」。會產生這樣的是與非，是因為彼此的心都執著自己，這在莊子叫「心知」。心本來是很自由、很空靈的，跟全世界站在同一線上，但是心落在「自己」裡面，然後又執著自己，這時候的心，是你自己的心，不是宇宙的心。宇宙的心是平常心，自己的心是不平常心，因為你每個地方都想到你自己，你就很難平常，「平」不起來也「常」不起來。你的特殊心——特別的用心，讓我們的心不僅落在形，而且會去「知」，而執著自己的「形」。譬如說，我的心會去知我，執著我，然後我就只愛自己，而對別人不公平，只知道有自己，不曉得有天下，這叫做「心知」。只知道年輕的美好，而忘掉年長的成熟，所以他拒絕成熟，他要永遠任性，這實在很奇怪，我們從稚真走向成熟，這是人生的成長，但是有些人卻越是成長越是討厭自己，這是一個人生的倒退。

天道、天理很公平的，年輕看起來是很好看，但是心裡面卻很貧乏，年紀愈大雖看起來沒有那麼年輕，然而心靈已漸趨成熟。上帝很公平，天道很公平，你看孔子怎麼說的，「三十而立，四十而不惑，五十而知天命，六十而耳順，七十而從心所欲不踰矩」。孔子有沒有說，四十而胃腸不好，五十而血壓過高，六十而糖尿痛風，七十而心律不整，沒有！孔子才不那樣想。因那是生命從成長走向成熟之境，關鍵就出在「成心」的執著。

成心是分別心，有成亦有毀

「心知」執著「形」就是「成心」，成心就只知道我這個人，只知道我這一派，只知道我這個地區、這個行業，只知道我這個階級、這個種族、這個宗教信仰，那問題就大了，因為你會抗拒所有跟我不同的人，包括其他的傳統、其他的階級、其他的教派，其他的黨團，這是「成心」帶出來的偏見。心一「成」，生命就「毀」，你成你自己，就毀了別人，你成了自我就毀天下，因為你只看到自我，沒有看到天下，所以莊子在這地方指點我們「其成也，毀也」，在你成的時候，另外一面是毀喔！我們不要忘記，心成了「生」，也就討厭「死」，逃避「死」；心成了「是」，就在對抗大家的「彼」。你成了你自己，就看不起別人，所以各大教互相歧視，互相以對方為異教徒，互相以對方為非我族類，就成了最大的罪過。派飛機去轟炸，發射飛彈過去，這怎麼可以呢？但人間就是這樣。

關鍵就出現在「心」落在「形」中，然後執著這個形，不論是地域觀念、階級觀念，自大狂或自我膨脹，都從這邊而來，不光定著你的心知，還會牽動你的情識。心知一起執著，會拉引生命自我的喜怒哀樂，與親人朋友間的悲歡離合，你每天都擔心受怕你會落在不對的那一邊，就好像全世界的人都對不起我，每一個人都要壓迫我，怎麼想自己都是受害者，怎麼看別人都是特權，這些壓在心頭的負面情緒，就是情識的陷溺。

大知小知是心知，大恐小恐是情識

想像的世界是無窮無盡的，甚至我們會發現，原來牆壁都藏有很多眼睛在看我們，我被禁閉在無形的監視系統之下，心陷於恐慌的狀態。這「知」會在哪裡起分別，誰有學問，誰沒學問，誰是大學程度，誰只是小學程度，事實上有什麼差別呢？都是「心」在分別，只要愛心一樣，你管他什麼學校畢業。心知執著「大知」與「小知」的分別，情識陷溺在「大恐」、「小恐」中，恐懼的恐、恐慌的恐，因為心知而產生恐慌。你看我們生命中是不是有很多的焦慮、很多的憂愁、很多的悲痛、很多的恐慌，害怕有一天我會變成不對，害怕不再年輕，不再是事業的高峰，不敢想像退休以後日子要怎麼過，一想就緊張到睡不著覺，這就是情識。

以儒家為例，假定儒家只認為自己是對的，任何家派都會成為它的壓力，只要想到其他教派存在就受不了，因為情識想像別的教派在否定我威脅我。心知執著是自困，而情識陷溺則是自苦。你就在心裡面蓋了一座監牢，再把自己關進去，每天被禁閉在心靈的監牢裡，然後每天在情識陷溺之下如同輪迴般受苦受難，想像別人在對我搞破壞，不管事實上有沒有，你已經受苦了。

我想像有一天兒女會不理我，從五十歲就開始悲愁，兒子會出國，女兒恐怕也會出國吧！那將來我在歲月中老去要怎麼辦呢？親情尚且如此，更不用說在人我之間，地位、名利、權勢的爭逐中，你會發現，此消彼長。所以，在台海兩岸的對抗情勢裡，在沒有建立一個共識前，雙方的「是」還沒有交會，而雙方的「非」已動搖了互信的基礎。從莊子的哲學來說，雙方都在自困自苦啊！莊子給我們的智慧是，要消除恐懼、恐慌、憂愁、悲苦，要消除傷痛、焦慮，你一定要先解消這個「知」，這叫「去知」。莊子告訴你要去掉這個「知」，這個「知」就是執著的執，這與佛家講的一樣，你的心知道了，你就開始有你的執著，你要去掉你的執著，不要有我跟你、彼與此的分別，不要有是跟非、死跟生的分別。如此一來，死與生的恐懼，是與非的對抗，就沒有了，就消失了，你就不會有死生的哀樂之情。所以要去掉心知的執著分別，以免陷溺在情識的恐慌中。

離形去知是工夫修養

但怎樣「去知」呢？你的「知」是「心」執著「形」而來的，所以要「離形」，要把心與形拉開，不要老是用自己執著的「知」去看世界。你的心落在形裡面，你的心通過你的形來看世界叫做「心知」，但這個心是戴著有色眼鏡的，戴著我們近視的眼鏡，戴著我們斜視、亂視的眼鏡，這樣子看世界都是混亂的，都是傾斜的，所以你一定要做「去知」的工夫，而去「知」要從「離形」著手。

原來人生的有限性就是我們的心落在我們的形裡面，心一起執著就失去自由了，所以莊子要我們「離形去知」的修養，這樣開顯的境界就「同於大通」了，也就是回到原本那個天地一體的心。心執著形，被形體拘限的心叫做成心，你總得去掉「知」，去掉自身的有色眼鏡，而「去知」一定要「離形」，你的心通過「成形」與「形化」，而起執著就是「心知」。「心知」是把標準執定在自己的身上，總認為自己是對的，離形去知，你的心就回到原本的空靈。「心知」迫使你流落天涯，去知離形使你的心回到你的家，讓心回到我們原來的虛靜，天地的家是萬物相通的，叫「大通」。只要我們的心回到「大通」之境，回到那個天地的家，再回過頭來看各大教，各大教平等，看儒墨，儒墨平等，看每一個人，每一個人平等，看萬物，萬物平等。

你若從「心知」的角度去看，不要說萬物平等，你跟同學就吵得不能相處，跟爸媽都不說心事，夫妻互相生對方的氣，更不要說什麼治國平天下那麼遠了。身邊的親人都平治不了，因為家人間也落在自「是」「非」他的困境，先生對，太太都錯；太太對，先生都錯。夫妻如此，兩代之間亦然，父母執著自己的觀點，看兒女都不對，兒女執著自己的想法，看父母也都不能接受。每一個人都有一套是非，你一套，他一套，天下無數套，那還不分裂嗎？我們要回到共同的「大通」那一套，大家共同的世界觀價值觀，讓我們的心不要流落在十字街頭，而回到天地的家，這個時候「心」再回頭看萬物，看每一個人，看每一個家派，看每一個教團都平等。大家都平等，大家都放下心來，都不要比了嘛！當大家都不比時，家派教團之爭都被釋放。

心有千千結都解開

哪一天我們可以不要跟人家比名氣、比地位、比權勢、比青春、比亮麗，你才會覺得你好像活在天國。人間複雜，就是每天比，沒完沒了實在太累了、太苦了！哪一天大徹大悟不比了，大家都同於大通，大通是像一家人，再也不用比了。各位想想看，我們下班回家，都馬上換上便服，不必莊嚴，也不講形相，不要簽呈，也不要批閱！兒子也不管爸爸是不是要寫文章，就坐在我的書桌寫作業，我看他在那邊寫作業，也不敢去說我要寫文章，就趕快躲到小桌子去寫，一家人還有什麼分別。回家最大的美好就是你不用跟人家比，哪有先生跟太太比，兒子跟父母比的，回到家就不比了，所以回到家每一個人都很自在。再怎麼累，回到家就放鬆了，為什麼？不用比了嘛！

在什麼地方逍遙遊？就在齊物論的天地，真正的逍遙遊，就在沒有分別的世界裡面，我們才得到真正的自由解放，整個精神放鬆了，每一個人都走在自己的路上，彼此間互相欣賞，人看人就像花園裡面的花，只要開放都很美！都好看！我相信莊子的生命精神就在此。

今天我們對整個人生，對整個社會，對國際情勢之下的台北政局與兩岸的未來，都有很多感受，甚至我們的家居生活、人際互動，心靈都有所觸動。我們要往「齊物論」的路上走去，心有千千結都可以解開了，看什麼都對。我們希望過更好的人生，就從不跟別人比，而回頭做我自己開端。

◉萬竅怒呺

《莊子．齊物論》旨在平齊萬物，問題在，「物之不齊，物之情也」，又怎能平齊？且說是平齊萬物，已屬價值觀點，若基於事實觀點，又何須平齊！而價值評估的依據，就在價值體系，故「齊物」之論的根本，在「物論」。

物論依吾人理解，當有真諦勝義與俗諦劣義的兩層區分，前者是給出萬物存在的理由，而做為解釋並保證萬物存在的理論根據，此相當各大哲學體系與各大宗教教義的存有論，如儒家的性善說，與墨家的兼愛論。而儒墨皆世之顯學，儒士與墨俠的行誼，在同一時代的舞台，相互之間會有「當今之世，舍我其誰」的擠壓效應；且在「予豈好辯哉，予不得已也」的理論批判之下，兩家真諦勝義的物論，會沉墮而為俗諦劣義的物論，本自具足的存有論，在相互攻伐之下，就此轉成了自是非他的儒墨是非。

莊子就處在儒墨兩家「是其所非，而非其所是」的年代，若儒是則墨非，墨是則儒非，不論結局為何，皆是學術文化界的大損傷。莊子的生命進路，在從兩家的價值體系中超越出來，而站在天道的最高處，給出平等的觀照，開出兩家皆是而無非的並世兩行之道。

此一各大家各大教的物論，所以可齊的理論基礎，就在〈齊物論〉所建構之「萬竅怒呺」的主題寓言。天地大塊吐出一口氣，那就是宇宙長風，除非此風不起，一起則吹向大地萬種不同的竅穴，就會發出萬種不同的聲響，而這一大地交響樂，就是地籟；人世間的每一個人，也各有才氣性向，如同竹管樂器般。會譜奏出自家獨有的生命樂章，這是人籟。

不論萬竅的地籟與眾妙的人籟，雖然萬種不同，皆屬天籟的彰顯。因為通過不同竅穴與才氣所發出的有聲之聲，都從無聲之聲的長風天籟而來。由是而言，儒墨兩大家與當世五大教的物論教義，儘管通過各地區的歷史傳統、天候地理與風土人情所匯合而成的文化心靈，有如萬竅怒呺般，彼此曲調風格，迥然有異，卻來自共同的天籟源頭，在價值上是平等的。

在此一物論平齊的基礎上，各大教庇護下的信眾教友，才真正獲得了存在地位的平等。不然的話，說是平等，實則背後藏有優越感，僅是悲憫包容，還是以正宗大教自居，而這樣的傲慢，終究藏不住，必然引發抗爭而走向決裂。當前基督文明與阿拉伯世界之間，各有教義戒律，卻在政治權勢的角力之下，真諦勝義的物論，已墮為俗諦劣義的是非了。雙方自以為是，而把對方的不同判為不對，且各自宣稱站在上帝或真主那一邊，看似光明正大的為真理而戰，實則是自我防衛與自我封閉的意識形態。

只有超越在兩大教的物論是非之上，而「照之於天」，以天籟的源頭，同體肯定兩大教，且「因是」而「兩行」，各自引領自家子民，走向基督與真主的永恆之路。

回顧海峽兩岸與國內泛綠泛藍兩大陣營之間的對決態勢，與美伊之間爆發的爭端，不僅跡近，抑且神似，或許莊子平齊物論的大智慧，可以給出轉圜的空間吧！

◉怒者其誰

《莊子．齊物論》「萬竅怒呺」的主題寓言，是由南郭子綦跟顏成子游師生之間的互動對話而展開。

某一天，子綦靠著茶几做靜坐工夫，仰天呼出一口氣，當下已解開了形體的拘限，弟子子游有如護法般的陪侍在側，他全程觀看老師由修行而解體的神情，內心充滿了困惑不解，也就質疑問道：「老師，這就是你修養工夫所朗現的生命境界嗎？怎麼今天的你跟昔日的你，所呈顯出來的存在樣態，會有如此的不同！人的形體或許可以讓它像槁木一般的生機全無，而做為生命主體的心靈，也可以讓它像死灰一般的一念不起嗎？」

就弟子來說，這可是生死關頭，跟老師修道，而給出的工夫示範，竟是「形如槁木」而「心如死灰」，前者還可以理解，心神離身而去，形體頓失潤澤光采，所以看似一塊乾枯的木頭；而後者就難以接受了。假如修行的成果，竟是「心如死灰」，那子游就得重新思考還要追隨老師修道嗎？

子綦看到弟子對自身的功力，已出現了信心危機，也就慎重的做出解釋：「你的問題相當高明，已經切中了修養工夫的關鍵點。你看我今天的生命氣象，大見反常，那是因為我正在做『吾喪我』的工夫啊，你或許聽聞了人間的聲音，卻沒有聽聞大地的聲音；你或許聽聞了大地的聲音，但終究聽聞不到天上的聲音！」

子綦顯然是以「吾喪我」，來解答子游何以「形如槁木」的困惑；再以「未聞天籟」，來回應何以「心如死灰」的重大質疑。子綦認為你的耳目官能，僅能看到有形的我，或許你可以說我「形如槁木」，而心神無形，是「視之不可見」，且「聽之不足聞」的，你怎麼可以斷定我「心如死灰」呢？就如同你或許可以聽聞有聲之聲的人籟地籟，而絕聽聞不到無聲之聲的天籟啊！你看到我「形如槁木」，即據以推論我「心如死灰」，此中有一思考上的跳躍，而給出了錯誤的論斷。因為，有形的耳目，僅能聽聞有聲之聲的人籟地籟，而無形的心靈，才能聽聞無聲之聲的天籟！

子綦想要澄清說明的是，「吾喪我」的工夫，就浮面表象而言，果真近似「形如槁木」；就深層內涵而言，卻不是「心如死灰」，心神的「吾」解消了形體的「我」，心神歸於虛靜空靈，不僅蘊藏了無限的生機情趣，且湧現了無盡的靈感創意，那是「虛室生白」，怎麼會是「心如死灰」呢？

儘管莊子點出了「眾竅」、「比竹」的「咸其自取」，卻以「怒者其誰耶?!」來逼顯天籟。當你聽聞「萬竅怒呺」的大地交響樂時，有沒有想到那背後的發動者，會是誰呢?!此一根源性的思考，有兩重意涵：第一重是歎號，肯定有一發動者，第二重是問號，發動者又自我解消。因為道體沖虛，才給出了「咸其自取」的空間。此如同《老子・四十章》所說的「天下萬物生於有，有生於無」，歎號的「怒者其誰」，是道的「有」；問號的「怒者其誰」，是道的「無」，天道憑藉又有又無的「玄」，而「妙」出萬物。這樣的「生」萬物，是不生之生，這樣的「主」萬物，也是不主之主。但願人間的政治領導人在扮演

「怒者」的角色，發揮發動者的功能時，別忘了要有「其誰」的修養，由歎號轉為問號，在自我解消中給出「咸其自取」的空間，或許，人世間才會有「萬竅怒呺」的一體成全吧！

◉莊周還是莊周

某一個夜晚，莊子在睡夢中，化身為蝴蝶，當下就在花園中，隨心所欲的來去飛舞，感覺生命歡暢自在，而忘掉了原初名叫莊周的那個人。

沒多久，他在睡夢中醒覺過來，又赫然發現自己還是本來那個名叫莊周的人。在這一時刻，莊子的心中忽然閃現一個大問號，是剛剛莊周夢為蝴蝶，還是現在蝴蝶夢為莊周呢？人生到底哪一段是夢，醒覺與夢幻之間真的可以截然二分嗎？

莊子做為一個文學家，此段寓言，理當就此畫下完美的句點，整個故事主題，可以讓人咀嚼回味不盡，因為物我兩忘，情景交融啊！不過，莊子更是一位哲學家，總是要往終極的存在之理，去探問生命的究竟。最後，他給出一段哲理性的總結：「周與胡蝶，則必有分矣，此之謂物化。」

不論莊周夢為蝴蝶，還是蝴蝶夢為莊周，人生不能在此依止停靠，因為夢境再灑脫適意，總是虛幻不實，莊周與蝴蝶終究要覺醒，而回到真實的世界來。所以，莊周與蝴蝶，必定有自家的本分。也就是說，莊周還是要回頭做莊周，蝴蝶也得回頭做蝴蝶。此等蛻變轉化，莊子說是「物化」。

此一寓言，有三段進程：一是周是周，蝶是蝶；二是周不是周，蝶不是蝶，周可以是蝶，蝶可以是周；三是周還是周，蝶還是蝶。此中的蛻變轉化，關鍵在「物」。物是形氣物欲，第一層是「覺」的狀態，心神為形氣所拘限，為物欲所障隔；第二層是「夢」的狀態，心神擺脫形氣的拘限，與物欲的障隔，故莊周可以有如蝴蝶般的在花園中飛舞，想蝶夢周亦當如是；第三層是「大覺」的狀態，心神超離在形物之上，又還歸形物之中。此時心神已徹底解放，形物不再是拘限障隔，而直與萬化冥合。

以是之故，「物化」有兩重意思，一是解消形氣物欲的拘限障隔，二是在心神的釋放之下，而融入天地一氣之化。此形氣物欲雖已消解且融入萬化之中，而本德天真自在，故莊周還是莊周，蝴蝶還是蝴蝶。

莊周夢蝶，可能是青原惟信禪師所云生命三重境的範型：第一重「老僧三十年前未參禪時，見山是山，見水是水」，此等同周是周，蝶是蝶；第二重

「及其後來親見知識，有箇入處，見山不是山，見水不是水」，此無異「不知周之夢為蝶與，蝶之夢為周與」；第三重「而今得箇休歇處，依前見山祇是山，見水祇是水」，此也神似「周與蝶則必有分矣」。關鍵仍在「見山不是山，見水不是水」的「物化」工夫。實則，工夫在心上做，無心無知消解心知的執著與人為的造作，有如「吾喪我」的修養工夫。〈齊物論〉以「喪我」發端，而以「物化」終結，正點出了平齊萬物之所以可能的理論基礎，就在主體不執著無分別的修養工夫。

吾人若以平常心來給出生命的詮釋，第一關的周是周，有如鄉野村夫的素樸，第三關的周還是周，則是田園詩人陶淵明的境界，而其中的轉關，就在不為五斗米折腰，而掛冠求去的覺悟超離，此所謂物化，是既化掉名利權勢的耽溺執迷，又昇越了自家道法自然的生命境界。

◉「影之影」與「影」的對話

《莊子．齊物論》有一則「罔兩問景」的簡短寓言，主角「罔兩」是「影之影」，跟自身所從來的「影」，進行一段精采的生命對話。

「影之影」問「影」說：「剛剛你在行進之中，現在你卻突然停了下來，剛剛你坐得穩穩的，現在你卻忽地站了起來。你閣下怎麼獨獨欠缺一個人該有的特立獨行的操守呢？」因為「影之影」是「影」所拖帶出來的存在，是「影」的二次方，「影」已夠「罔」然的了，何況「罔」還要「兩」的影之影呢！

「影」行止無常，且起坐不定，「影之影」立即被牽動，且「影」又從未透露訊息，迫使「影之影」老落在被拉扯的存在困境中，故表達嚴重的抗議。

「影」回應說：「請別錯怪我，我是有所待才會這樣的起坐不定而行止無常；也不要責難我所待的那個人，因為他老兄的處境也跟我等同，他也是有所待才會長久的處在不定無常的狀態中。我所待的這個人，就好像蛇所蛻的皮跟蟬所脫的殼一般，他僅是表象，僅是外殼，從他的身上，又怎麼能給出生命走向何以會如此，又何以不會如此的解讀判定呢！」

這一場「影之影」與「影」的生命對話，就此結束，留給後人一個體悟參透的話題空間。「影之影」被「影」牽動，而「影」又被「形」牽動，所謂如影隨形，「影」永遠擺脫不了「形」的牽制，此所以「影」要為自己辯解，說是有所待才如此的，同時它又為自己所待的「形」辯護，說「形」也是不由自主，它依然有它的主人。「形」只是人家的表象外殼，根本不能決定生命的走向與存在的樣態。

在這一呼之欲出的主人，就是「心」，莊子說是「真君」，意謂真正可以做主的人。莊子由「影之影」追問「影」，再由「影」推出「形」，最後再由「形」逼顯「心」。而「心」是無形的我，卻是真正的我，此如同地籟人籟是有聲之聲，而其源頭卻是無聲之聲的天籟。

莊子說是「罔兩」，實則在大眾傳播媒體與電子資訊網路全面籠罩的現代社會，人的存在樣態何止是「罔兩」，根本就是「罔萬」。資訊傳播有如天羅地網無所不在，我們不再是自己的主人，而僅是這個龐然大物所拖帶出來的影子的萬次方，大家都是「有待而然」的生命存在，掉落在捕風捉影，甚至是「形與影競走」的無奈弔詭中，掙脫之道，就在「無待」，不再痴痴的等，而從對待連鎖的存在串系中超拔出來，回歸自我，找回「真君」，而活出真實的一生，別在文明的魅影與科技的幻影中，罔然度過一生！

養生主——存在的困局

「養生」之主，在養「生主」，生主即生命的主體。
怎麼樣去養生？就在養「心」，無掉心知執著，你無名就無刑，
心裡面沒有名，沒有優越感，沒有分別心，
人生每一階段便能免於刑害而自在安適，「當下即是」且「所在皆是」。

生有涯而知無涯

《莊子》第三篇是〈養生主〉，緊接在〈逍遙遊〉和〈齊物論〉之後。〈逍遙遊〉，是自我的超拔提升，如何讓自己在有限的形軀與動變的人間中超拔出來，解消困苦逍遙而遊。〈齊物論〉，是講立身人間社會，與群體大眾一起過活，不能只是一個人去逍遙。人生的第一個理念——人生是一定要「生」出來，而這個「生」出來不光是活下去，還要生得出來，就好像父母生出兒女，老師生出學生，政治家生出百姓，「生」一定要生成，生成就是人生的價值所在。這樣的話，才沒有白白過這一生。人生的第二個理念就是我們的生，一定是要跟眾生一起，不可能孤單的活出來。

〈養生主〉一開頭就說出亙古以來人活一生的兩大難題，一是「吾生也有涯」，二是「而知也無涯」，涯是涯岸限界，吾生有涯，是人生都有一個極限，這就是百年大限。現代人講生涯規畫，做學生的生涯、當老師的生涯，生涯是指人生的限界，當學生一定要讀書，當老師一定要教書，讀書、教書就是你要如何活出自己的限定，所以「生有涯」就是我們的生命是有限界的，這是人生第一個問題。

〈齊物論〉說人生有兩大限定，一個是成形，一個是形化。成形是生成這個形體，父母親把我生下來，我這一生就是靠我這一個人的才氣性向去活出來，所以成形有命定的味道，因為你不可能變成另外一個人，我不可能變成哥哥，不可能變成弟弟，儘管兄弟是手足，是同根生的。但是，哥哥不能取代弟弟，弟弟也不可能取代哥哥，這個社會上有這麼多人，每一個人都有他的精采，我們看了都好喜歡，問題是，你不是他，你看這個社會值得我們欣賞的人不是很多嗎？每一個人都有可欣賞的地方，但我不是他呀！所以從這一點看來，人生只有一條路，你不是他，但你可以欣賞他，讓遺憾變成美感。我不能是他，譬如，我沒有秦漢的相貌、林青霞的身材，不免有憾，但你可以欣賞他，欣賞他就有美感，遺憾變成美感，人生就沒有遺憾，這是道家哲學給我們一個很好的「化」，把所有的遺憾轉化而成美感。我不能是他，但我可以欣賞他的精采，我看到他的精采，等同我生命中有此精采，因為我看到了。成形就是限定，多少我們喜歡的同學朋友，每一個都有他的青春美貌、他的聰明才智、他的亮麗光采，但我不能是他，這是人生的第一個有限。

人生的第二個有限是，我這個人也會在時間中發生變化的，從童年少年走向青年中年，甚至老年，你看看小時候的照片，你幾乎都要認不出自己了，原來過去我那麼好看，對呀！但已成過去呀！現在呢？現在老了，這叫「形化」。「成形」是定形，所以我的相貌不會有什麼重大轉變，身材、才智也就是這樣了，我已經成形了，此生有限就是我不可能變成另外一個我；再來就是，我這個人也在變化中，隨著年華老去，不再年輕好看了。生有涯就在成形與形化，一是生命有限，有限的意思是你只能做你自己；二是本身也會變化，所以我們才希望青春永駐、長生不老，因為會變化而衰老，我們不喜歡變老，但願時光倒流可以年輕回來，卻沒有人做得到，只是妄想。我們的年少亮麗跑到哪裡去了？就在兒女身上。告訴諸位一個祕密，你不要嫌中年不大好看，你不要看自己，每天看兒女就好了，所以每當我有點傷感時，把兒子喊到前面來看看就好了，說句：「好可愛喔！」就好像自己又年輕回來了！

生有涯就是我是我，不可能是別人

人生第一個問題，我就是我，我不可能是別人，問題是，你跟別人活在一起，會問是我帥還是他帥？是我對還是他對？所以人生是很多人在一起，會產生是非。成形會帶來是非，美國人對還是俄國人對？台北對還是北京對？是白種人天生麗質？還是黃種人自然就是美？上帝是白種人還是黑種人？黑人說是黑的，白人說是白的，我們沒有去討論，不然我們一定說是黃種人。這就是因為大家站在自己的立場講話，所以「成形」就分出彼此，你我他，每一個人都有自己偏執的是非觀念，個個都以自己做標準來說自己對，這就產生是非問題，我是他非。

第二個問題，形體會變化，由少而壯，由壯而老，最後就逼出死生問題，生老病死是人生的常態，人生百年嘛！百年只是一個數字。「是非」跟「死生」的問題就是「知無涯」，因為你有執著有分別，是非問題很複雜，死生問題很無奈，這種問題是無窮無盡沒完沒了。人生兩大問題，一個是人生旅途是有限的，一個是所追尋所渴望的卻無限。譬如今天晚上，你可以看書、聽演講、喝茶、散步，每個活動都很好，但你只能選擇一個，你做了一件，其他三個就沒了，這叫遺憾。人生只有一個，想做的事卻太多，每一個現在你都分身乏術。「知無涯」，你想要的太多了，你被社會百態帶走，街頭流行很多東西，都是新潮時髦，但是我們的薪水有限，你要買什麼呢？買這就不能買那，這叫「知無涯」。

人生兩大問題，這個「我」本身有限，而活在人間我們想擁有的太多了，這叫自我的有限性，與人間的複雜性。我自己是有限的，所以叫限定，而人世間是複雜的。今天晚上有三個朋友過生日，而我只有一個人，他們又不願一起慶祝，因為不一定是一起長大的朋友嘛！你參加了一個，你覺得對不起其他兩個，對方也會生氣或遺憾，人我之間是複雜的。我愛我的兒女，可是有一天我們會離開他們。你看，你的有限性來了，你實在不喜歡這有限性，可是你一定要承受這有限性，總有一天要分離的。另外，在每一個當下現前，面對眾多的同事跟朋友，你要陪誰呢？總不可能在大禮堂裡團聚。每次人家跟我說：「王教授你要在哪邊演講，請你打電話給我。」但我沒有打過一次，我想隨緣吧！而有些朋友就是希望聽我所有的演講，甚至我的課。但這是不可能的，因為人有限而人間複雜，我們才要逍遙遊，無待之遊。

完全自由，「養生」極致

人生的際遇變化太多，就因為知也無涯。逍遙無待之遊，就是要讓生有涯變成生無涯，將「有」變成「無」，就是人生的一個突破。人生是有限，我讓它無限，我不斷往上提升，我便不再只是我，就像大鵬鳥飛在九萬里的高空，飛向廣闊無垠的天際，怎麼會有自我的有限性呢？生有涯，我們要突破自我的有限性，而這個突破會讓有涯變成無涯。

知無涯，現代語言說是多元的價值，開放的社會。現在風尚是東洋風或西洋風？是西方哲學好還是東方哲學好？是儒家好還是道家好？是舊教好還是新教好？這個很複雜。知無涯就是你被牽動，被帶出去了，就像在十字街頭不知何去何從，就像在百貨櫥窗前流連躊躇；知無涯就是你被帶到一個什麼都可能的世界，但是你不知道哪一個對你自己比較好？就像讀書，《老子》就有太多版本太多注解本，更不要說還有一大堆的流行本了，這太複雜了。所以要講齊物論，天籟齊物之論就是要破解「知無涯」，不被牽引而流落，讀通《老子》就可了解宇宙人生的問題。但是現代的人，新書一出版了，有人問讀過沒有，若根本還沒讀，便自覺落後。《老子》是第一等書，《論語》也是第一等書，各大教經典全都是第一等書，你只要將第一等書讀通了消化了，體現在自家的身上，便是人間第一等人。但是我們卻被帶到無邊無際的書海中。全世界每天不知出版了多少書，你一想心就慌了；所以我會說「什麼書都買的人等於沒有買」、「什麼書都讀的人等於沒有讀」，希望各位深思。

所以不要被帶到什麼都想要，都有可能，也都喜歡的境地，那一生注定不幸福。因為你定不下來，你好像每日都在十字街頭，不知該走哪一條路，所以要體認「知無涯」的複雜紛擾。人生不必要讀幾萬本書，我們只要好好讀熟一本經典，就可以受用無窮，我們的宗教信仰與人生修養的價值依據都在裡面，讀進去把它讀通了，你就不必流落十字街頭，每天跑書局，每天進圖書館抄卡片存資料。沒有理念，沒有實踐，怎麼念都是理論，都是應付考試，結果自己一點受用也沒，沒有將書讀進生命中，書永遠在外面，跟外面的車水馬龍一樣，對你來說都是不相干。所以天籟齊物之論就是要解決「知無涯」的問題，轉而體悟「知有涯」，才不會變成無限的膨脹與無窮的追逐。

心思逐物無邊，永遠趕不上

所謂「年命在身有盡，心思逐物無邊」，心思所要追求的無窮無盡，譬如約稿寫完了，正覺得輕鬆了，但明天新的約又來了，有時一聽到電話就害怕，人家會說：「王教授，你答應寫的文章怎麼還沒寄來？」我就覺得虧欠人家，所以現在人家請我寫稿，我會說：「雖然是好朋友，但我只是一個人，每天只有二十四小時，我有空就會寫。」這就是「生有涯」的「年命在身有盡」。問題是，沒過多久又覺得應該寫，你對社會有責任，而這也是心思逐物無邊，想做的事太多了，「以有涯隨無涯，殆矣！」以有限的生命追求無限的心知，那是不可能的任務。

士農工商各行各業，都有開創發展的可能，都可尊敬，但我只能選擇其一。教書就要好好的教書，做人就要好好的做人，不要又想這又想那，不要不認同自己所選擇的，這叫以有涯隨無涯。譬如老師玩股票，根本無法專心教課，學生只見老師臉色陰晴不定，教室的氣氛怎能正常化。以有涯追隨無涯，是「殆矣」。「殆矣」就是完了、毀壞的意思；生命是有限的，你想要的太多，如此是永遠追不上的，即使追到了也沒用，明天它又跑到前面了。你剛買下照相機，馬上就有新款；你買了這個冰箱，新型的又推出來，吸引你再去買更新更好的一個，這叫心思逐物無邊。所以用有限的生命旅程，去追求無限的心知想望，在電視的廣告、社會流行的帶動下，你永遠都趕不上，因為新的又出來了。你永遠趕不上的，這叫「殆矣」，「殆矣」是不可能的，只是白忙一場，永遠停不下來的。

更重要的一點是，心知執著是虛妄的，是不值得的，假定它是有價值的話，就是落後也不急，反正可以逐步追上。

「知無涯」是想要的太多，且競爭激烈

這個知無涯的「知」，是不好的意思，在道家哲學想要太多是不好的，「知」不是今天我們所肯定的那個客觀的知識、學問，只是來自商業的廣告、名人帶動的流行，告訴我們可以有這個、可以追那個。而這個「知」是虛妄而不值得的，是我們被廣告所帶出去的。

譬如一減價便買了一大堆不需要的東西，使家裡成了儲藏庫，你以為賺了一半，因為半價嘛！但問題是買回來沒用，事實上是你損失了一半，而非賺了一半。本來一百塊，降為五十塊，趕緊買回家，擺著都沒用；我們誤以為賺了五十塊，事實上你是賠了五十塊，還讓客廳不是客廳，書房也不是書房，都成了儲藏間，那才真的是賠了夫人又

折兵。廣告就有那個魅力，會讓用不上的人把它帶回家。所以每天傍晚我會好緊張，有時好幾包啊！太太還抱怨你怎麼不幫忙拿，全家大小總動員似的抱回家，我就知道她又「知無涯」去了，她忘了她的先生是「生有涯」，然後她每天都在街頭上「知無涯」。很多青少年朋友也一樣會忘掉父母是「生有涯」，每個青少年都在「知無涯」，不過，為了家庭為了兒女，我們都認了。

「殆矣」另有一個意思，是停不下來。因為社會總是用新的東西在帶動我們，新的東西一出來，一定想盡心思讓電視廣告深植大大小小一家人的心裡。「殆矣」就是你永遠趕不上它，你永遠停不下你的腳步。人生命定是浪跡天涯，你看我們是不是有時會覺得好累，每天鬧鐘一響，趕快爬起來，一堆行程表擺在你眼前，有時太累太忙了，連睡夢中也在想明天的事，還沒到已在想了，先想十年後、二十年後怎麼辦，這個社會變動太大，所以叫「以有涯隨無涯，殆矣！」既然是不可能的，是停不下來的，是永遠趕不上的，結果你還要去走「知」的路，所以說「已而為知者」，已知結局如此，卻還堅持走這條路，「殆而已矣！」那人生就走入一條死巷，再也找不到出路了。明知此路不通，還去追逐流行時髦，永遠趕不上，永遠停不下來，永遠不可能，但你還是選擇這條路，「殆而已矣！」此生注定是一場悲劇。

無形的心才是生主

莊子精采啊！剛才那段才幾十個字，要一個鐘頭的時間去解說，這叫經典，經典就是他只講幾句話，我們就要用一生去想，所以我們一定要讀經典便是這個道理。你明知此路不通，還走下去，那就命定是一場悲劇。所以，〈養生主〉主要告訴我們怎麼從這條路走出來，心思逐物無邊，就是因為你的心去「知」，心知就是心執著是非，執著死生，心知是有分別，你有這個分別，就一定會去追求，一定被帶動。我們常會覺得新的才是好的，值得追求，用新舊來評斷是非，你馬上被帶動，因為你有分別，你的是非是通過新舊來分別的。於是總想辦法讓自己新，但每天都有新的出現，所以這社會就會讓人生不快樂，它一定要讓你趕不上，讓你停不下來，讓你跟著它跑，所以莊子要把執著解消。

「心知」即「心執」，心有執著有分別。分別心，佛家叫「識心」，要「轉識成智」，莊子叫「成心」，「成心」就是在心裡面成立了它的分別——新的就是對的，舊的就是不對的，所以現在大家不願讀古書，因為舊的不對新的才對。我念大學的時候，不敢說我是中文系的，人家會像看骨董般的看你，因為他用他的是非標準，用新舊來說你對不對，來說你進不進步。在民國初年，大陸最勇猛的青年叫新青年，要打倒孔家店，孔家店兩千多年，我打倒孔家店就是新青年，你不打倒孔家店就是舊青年，舊青年是沒有前途的。就像過去台灣男生一定要念理工，男生念文史人家就會笑，所以漸漸造成斷層，在法政文史方面人才很少，這當然會有問題，這個社會靠法政，你看，不是立法、行政跟司法的問題嗎？我們需要法律、政治還有經濟的學者，那麼這個社會要不要靠文學、藝術、音樂、哲學、宗教呢？今天台灣有財富但沒有心靈，沒有教養，沒有方向；到處都是錢，但是錢沒有方向。最重要的是你心裡面一有這個東西，你一生就被帶進去了，這樣的分別，莊子叫「名」，我們現在不是叫成名嗎？我告訴各位，「成名的人就是受刑的人」。

成名人就是受刑人

我們剛開始沒有成名的時候，都嚮往人家的名氣，哪一天你的名氣大起來以後，才知道一點都不好玩，名是人生最大的枷鎖，那個名就是壓力，那個名會形成心理的負擔，形成一生的壓迫。所以從「心知」來說，這叫「名」，但心知會帶動生命，所以從生命來說這叫「刑」。同樣的東西，你心裡面一有分別，譬如我們分貧富，有錢人才有面子，沒錢就覺得很挫敗，你一有這個想法，你就受到以貧富為是非的分別所帶來的壓力。以貧富為是非，什麼是對什麼是不對，有時用新和舊來說，有時用有錢沒錢來分別，你只要接受這個價值觀念，你就會覺得自己什麼都輸給人家，什麼都不對。

就像當教授很清高，看起來很高，事實上很苦啊！有次搭計程車和司機聊天，他問：「你做什麼？」我回答他：「在教書。」「在哪裡？」我只好回答：「中央大學。」「喔！那你是教授囉！」「對！」「那你一個月賺多少？」我說大概多少，「那你跟我差不多嘛！」再問：「那你念了幾年書？」我說：「到現在還在念！」剛開始談話時，我很高，他聽到「教授」，肅然起敬，到最後他發覺原來我很清。我想這樣也好，讓他快樂一點，也算日行一善，讓他覺得原來讀了幾十年書的教授不過跟我一樣嘛！我自己絕不採取這種觀點，不以貧富來做為我一生價值評斷的標準，這個分別叫「名」，它的影響力叫「刑」，所以莊子講一句名言——「為善無近名，為惡無近刑」。

善惡美醜就是「是非」

人生最重要的分別就是善惡，這叫心知，善跟美的執著，我立一套美善的標準，你界定什麼是美什麼是善，這叫分別。善惡美醜就是是非，是非的極端二分就是死生，因為生是全部的有，死是全部的沒有，我這說的是世俗的觀點。宗教可不是這樣講的，因為宗教還有死後的世界。人間的現實觀點，死後的世界是一無所有，所以為了要讓我們的人生可以活得長久一點，我們需要哲學、宗教，不然人生只有這幾十年，只有這一百年，這個分別生是善而死是惡。善惡的分別就是名，譬如錢賺多是善，賺少是惡；美醜的分別也是名，二十五歲是美，四十歲就醜」。我姑且這樣說，白種人是美，黑種人就醜了，或進一步說白種人是善，那黑種人就是惡，在黑白衝突中就有人認為黑人不該活下去。如果不執著美醜善惡的分別，就可以還黑人本色，黑跟白一樣是好人。

人世間有很多莫名其妙的標準，用貧富、新舊來說你對不對、好不好，莊子就是要破那個分別，所以善惡是名，名就是你在心裡面有這個分別。你心裡面有這個名，就會帶動你的一生，你白天承受壓力，晚上也做噩夢。有學生告訴我，到了四、五十歲晚上做夢還在高中時代考數學，可見以前壓力太大，還沒有過去呢！這叫過不去，人生過不去這太苦了，因為它在晚上會冒出來，而還沒來到的歲月，自己又先想到，所以你就開始想人要面對老年的問題，你先想，老子叫「前知者」，這個「知」已經不好，「前知者」就是把那個「不好」想在前面。我記得我女兒在三、四歲的時候，在外面扮家家酒玩，突然進來問我：「爸爸你將來是不是會老？」「是啊！」「那老了是不是會死？」「是啊！」她邊哭邊叫說：「爸爸！我不要你死！」我說：「爸爸還沒老啊！」那時她突然抱住我，受到死亡的壓力，她害怕爸爸會老，爸爸會死，她承受不了人終會老死。

當然將來總會來，但我們把將來可能會發生的事，想像成一定是壞的，而且又提前幾十年傷心，提前幾十年痛苦，這個就是老子所說的前知者！人家都說未卜先知，知已不好，還去先知，所以「先知」在道家的義理來講，就是把痛苦想在前面。善惡是名，你心裡面有它，你就有這個分別，這叫名號，名號就是有這個分別，然後你一生都會被它帶動，受到它的壓力、它的全面籠罩。你說我一定是個強者，我一定要證明自己是個強者，我一定不只是個學者、教授，每個月才領那幾萬塊錢的薪水，你每天就承受那個壓力，所以善惡是名，善惡也是刑。總之一句話，「名」就是「刑」，所以我說「成名的人就是受刑的人」。問題是大家都不知道啊！你想想看，那些成名的人可以在街上走來走去嗎？他方便在小攤吃碗擔仔麵嗎？你沒有隱私權，你到哪裡都有記者在後面追，就像英國王室成員，身為王室的一份子，對他們來說是個極大的刑罰，沒有任何隱私，你在一個孤島上，他還可以用遠鏡頭把你的活動拍下來，這就是刑。

我們當然要避開「刑」，避開讓我們生命受苦的「刑」，但是生命受苦的「刑」是從哪邊來的？是我們「心知」執著的「名」所帶來的苦，所以你要解消這個苦，就要先解消這個「名」。你一定要從無名做起，無名才無刑，你要去掉以貧富代表成功失敗的分別，你一生才不會對自己的工作行業不滿意；你一定要無掉新舊做為是非判斷的標準，你才會去好好念幾千年的經典。所以你無名就無刑，你可以坦蕩蕩在陽光下念老莊經典——假定你以新舊為是非的標準，你不敢讓人知道你念《道德經》或《南華真經》，一定要找一本現在最新思潮的書來代表我們是前進份子。所以無名才能無刑，這叫「為善無近名，為惡無近刑」。這句話在我還沒譯成白話之前，先分析一下它的語句構造，即還原為「無為近名之善，無為近刑之惡」，再簡化為「無為善無為惡」，因為善是名，惡是刑，所以才說「無為近名之善，無為近刑之惡」。實則善惡是名，善惡也是刑，我們做好人是一種壓力，你要放得開，不執著善惡的二分，它就不能壓迫我們，連自己做好人都要忘記，不然好人沒好報，你會受不了，痛悔自己為什麼要做好人，做得那麼辛苦，那麼冤枉。所以善惡的執著分別是名，善惡的執著分別所帶來的壓力傷痛就是刑。

等待回報就會自苦

假定你認為自己是在做好人做好事，等待別人回報，那就會自苦。多少父母對兒女都覺得白疼他了，多少老師對學生的感慨都是白教了，這樣的話，豈不是當老師的自苦？當父母的自苦？我們忘掉了做老師、做父母的名，這一生就不會痴痴的等學生兒女要尊師要盡孝道，他們要盡當然很好，他們不盡也沒有遺憾，當初就是為了愛他們嘛！

是分別心。原來受苦受難都是心裡直接的感受，人家那種看法那種眼光，才是讓人受不了的傷害。所以我們無名的話，就可以無刑，無名就是齊物論，無刑就是逍遙遊。

無名就是大家都一樣好，一樣天真美好，一樣可愛，一樣尊敬。為什麼上學要穿制服？要齊物論嘛！你不穿制服的話，就不能齊物論！因為穿著相差太多，富有人家子弟穿名牌得意洋洋，那窮小子就彷彿矮人一截。大家都穿一樣沒話講，所以穿制服也有大道理，那叫「齊物論」。什麼地方做得最好？軍警全部穿制服，但軍警有官階的分別；宗教沒有三星二星、三線兩線的分別，宗教不會分，所以宗教做得最徹底，眾生皆有佛性，人人皆可成佛，即是齊物論。齊物論就可以逍遙遊，逍遙遊是避開生命的壓力跟傷害，你要避開生命受苦的那個枷鎖，你就要解消心知的執著分別。心知不執著無分別，那人生就無是非無死生，這叫齊物論。

名是人生最大枷鎖

說到〈養生主〉，怎麼養生呢？就是希望生命不受苦，消解掉生命中的刑害而讓我們原來的生命回到天真美好，使每個人都喜歡自己的童年，無憂無慮，因為那時分別心還沒出來。人物活在人間就像在社會漂泊，大家隨處流落，受到是非、死生、成敗、得失、利害、禍福、榮辱的煎熬。成長路上，窮苦人家的子弟就像小可憐一樣。我哥哥小學畢業，考上中學，家裡太窮繳不起學費，一看到同學上學路過我家門口，他就躲起來，覺得自己不能去上學很羞恥。這是什麼世界，升學考他考了第二名！有一陣子他很少回家，過年回家和家人團聚就馬上離開，到台北工作，台北沒人認識他，大家沒有分別心，沒有人知道他失去了上中學的權利，在西螺鎮人家都知道他沒上初中的委屈，而委屈帶來難堪。

你的爸爸怎麼樣，你的祖父怎麼樣，你的家世怎麼樣？這在家鄉好像是永遠擺脫不了的刑害，所以大台北地區也有一點美感，你的過去沒有人知道。我只是舉例，不是說我們不要認同自己的鄉土，只是說這些東西總會帶給我們無所逃的痛苦壓力，所以你要無掉它。你把世俗的勢利觀念擺脫，就不會承受被看不上眼的傷害，就不會有失敗者的挫折感，人家都好我們都不好，人家高貴我們清寒，所以無名就無刑，你擺脫它了，就沒有東西可以壓迫我。

〈養生主〉有兩層意涵，一是「養生」之「主」，「主」是主要，講養生的綱領或養生的根本；二是養「生之主」，「生之主」是心，養生之道在養心。「心」在〈齊物論〉說是「真君」，〈齊物論〉認為每個人的生命真正可以做主的是無形的「心」，而不是有形的身體，它講天籟是無形的聲音，真君是無形的我，無形的心既不是心臟，也不是大腦，而是心靈，它是天籟是生之主，「養生」之主就在養心。有一次我參加「女人女人」的電視節目，有一個題目問如何養生，有四個答案，我都沒選，因為我覺得應該要養心，先生跟太太一起去聽演講、讀書，參加公益的活動，這個時代不需要再講補腦補身，已經營養過剩了，問題是我們缺乏心靈的內涵。

所以，第一是：養生的主要在哪裡？第二是：我們要養的是「生之主」，生主即生命的主體，我們要養心才對，要有善良的心、包容的心、體諒的心，真正要養的是生命主體的心靈。我把這兩個意思結合起來，養生的主要是什麼？是養心。人生是要養生的，養生的最主要原則就在養我們的心，「養生」之主，在養「生主」，這是〈養生主〉的主題意涵。

養生之道在養心

說要養生，而生命受苦受難，是因為心知執著困住自己，人為造作讓生命受苦，「知也無涯」，想要的太多，不免被挫折感的陰影籠罩，永遠趕不上，也停不下來，又疲累又厭倦，一天下來最大的感覺就是好累，想到明天就厭倦。疲累厭倦是因為你被帶動，你承受社會的壓力，應觀眾、家人、朋友的要求，但你又不喜歡自己所做的，所以愈做愈疲累，愈做精神愈差，甚至希望明天永遠不要到來。

所以養生要養心，養心在道家講要「虛」要「無」，你心裡面的知，就是是非跟死生，現在我們把「知」無掉，也就是「無名」，你所「知」的就是「名」，我現在無掉這個知，無掉新舊貧富的是非分別，把心裡所執著的負擔無掉，無掉後我就可養生，你的生命就不苦了。

生命要養是因為受苦受難且疲累厭倦，養生就是不要讓生命又苦又累。你不好是心自找的，在心裡蓋了很多監牢，把自己關在裡面，成了受刑人，忘不了童年的苦，忘不了人生某一段痛心的不堪、某一個嚴重的挫折，我們把它蓋成違章建築，把自己關在裡面出不來。一想到那件事就悲從中來，這個生就此沒了歡笑沒了喜悅，你要養生就是把充實美好、幸福快樂找回來，拆掉心裡面的監牢，拆掉長久以來藏在心中的違章建築。你一定要放下，一定要走出來，不然家人朋友都被你牽連關在裡面，且這樣的監牢是無形的，隨時都在的。活在人間或許是有期徒刑，藏在心中的刑那可是無期徒刑，那是終身的，一生都關在裡面。所以養生一定要養心，養心在道家來講要無心，無心即無知，無掉心裡的執著，拆掉心裡的監牢，拆掉以後，我們就不會受刑了，因為不成「名」就不受「刑」，特赦自己，你會發現海闊天空，天地無限寬廣，在齊物論中逍遙遊。

怎麼樣去養生？應該在養心，把心裡執著、分別的監牢拆掉，你無名就無刑，你有名就有刑，心裡面沒有名，心裡面沒有優越感，心裡面沒有分別心，這樣的話，人生每一階段都免於刑害，都過得自在。逍遙遊的界定在「無待」，「無待」就是不等明天了，現在就很好，「當下即是」，任何時段都很好，「所在皆是」，任何地點都很好。一定要特定的時段地點，特殊的人選才可以，那樣的逍遙遊沒有保證，所以逍遙遊一定當下即「是」，而且所在皆「是」。人生要如此就要拆掉心裡的監牢，沒有監牢隨時都自由，什麼地方也自由，只因為心中沒有監牢。

解牛原理在無厚入有間

養生就是把生命的苦痛取消，讓天真回來，讓美好回來，怎麼樣才回得來？把迫使天真美好消逝的因素取消，不要在乎成敗，不要在乎得失，不要在乎利害、禍福，不要在乎新舊、貧富，你把這些放開後，就是完全的自由，這樣就是養生的極致！

〈養生主〉裡，莊子講個寓言「庖丁解牛」。庖丁是庖人，庖人要宰牛，這庖人是一位高人，為君王表演解牛的工夫，演出一場解牛秀。莊子說他是在音樂的旋律和舞蹈的動作中進行，他一舉手一投足都有美感，合乎音樂的節奏和舞蹈的律動。解牛的過程就像是一場藝術的即興創作，所以君王讚美道：「你的技巧實在太高了，令人嘆為觀止。」庖丁提出嚴重抗議：「我解牛可不是『技』的演出，而是『道』的展現。」（「臣之所好者道也，進乎技矣。」）重點在道的追尋而不是技的講求。他說一般宰牛的人，大概一個月要換一把刀，因為用刀砍斫骨頭；比較好的庖人一年換一把，因為是用刀去切割肉；而他的這把刀用了十九年還是完好如初，因為這把刀「無厚入有間」，刀刃沒有厚度，而牛體的結構有空隙。

這把刀是生命自我，「牛」體是人間世界，刀刃刀鋒就是我們的「心」。我們為何傷心？因為你這把刀老是去切割人間世界的肉，或砍斫人間世界的骨頭，你跟人對抗破裂，傷感情即傷心，所以我們才會衰老，才會往事不堪回首。要養生的話，得避開衰老，避開傷感，避開刑害，如何做得到呢？要讓你的刀通過人間世界的空隙，而不會切割到肉、不會砍到骨頭。通過牛體結構的空隙，如同中醫的針灸，一針扎下去不痛不流血，那即是空隙，故中國醫學是道家精神，講無形的氣脈，西方解剖學都是肉跟骨頭。所以刀在牛體結構的空隙中通過，沒有碰到骨頭和筋肉，刀鋒就不會傷損、不會捲曲，生命自我就不會受傷。我的刀鋒是沒有厚度，而人間世界是有空隙，既然是結構就一定有空隙，刀沒有厚度便可進入任何空間。照相時五個人照不進去，每個人都擺正姿勢當然照不進去，只要側身成一條線就可照進十幾個人；一條窄巷面對面通不過，雙方側身就過了，側身就變成一條線，就是無厚。人間世界路會走不通，因為大家大搖大擺誰都不退讓，事實上一側身就雙方都可以通過，這叫解牛。

解牛是解開人間世界的結構，解開人間世界的衝突，解開人際關係的矛盾，你把自己看得太重要，把自己看得像天一樣的大，唯我獨尊，才形成窄門瓶頸。反之每個人都能放下執著，不把標準定在自己去評價別人，那就是齊物之論。自我修養在讓自己沒有厚度，我的刀沒有厚度，人間世界到處都可以去，那就是逍遙遊的無待而遊。「逍」就是讓刀沒有厚度，沒有厚度則人間世界每一個地方都覺得很寬闊，那就是「遙」，你的刀就「遊刃有餘」，就可以來去自如，那就是「遊」。「有餘」就是有餘地，本來覺得路太窄了，世界太小了，莊子告訴我們只要你沒有厚度，世界根本就很大，路也是無限的寬廣，每一個人都可以通過，因為每個人都沒有厚度，刀鋒從來沒有去切割到肉，也沒有砍斫到骨頭，他永遠在人間世界的空隙中自在的遊。

無我解開人間的複雜

沒有厚度就是不認為自己是重要人物，不自我中心，如此人間世界就游刃有餘，你那把刀，在看來很小的空間還可以自在揮舞，而且還有餘地。人間的修養就是在癱瘓的台北街頭仍然可以散心散步，在忙碌的工商社會仍擁有悠遊的歲月。逃到山上逃回鄉村那不算本事，真正的修養要在台北，陶淵明說：「結廬在人境，而無車馬喧。」不是結廬在深山而無車馬喧，深山裡一個人都沒有當然無車馬喧，在台北的鬧區仍未感到鬧市帶來的吵雜，那是人生修養給出的閒情。你要解開人間世界的複雜而保有自我的純真，讓世界回歸單純，這叫解牛。

「解牛」是解開人間世界，工夫在解開自家心裡的千千結，誰來解開？當然是自己解，心裡的監牢自己蓋，心裡的監牢自己拆，所以養生就在養心，心要「虛」要「無」，落實下來就是沒有厚度。你沒有厚度的話，人間世界到處都有空隙，世界會變得大起來，路會變得寬廣起來，永遠不會人擠人車擠車，刀刃不會受損，不會傷到自己的心。受刑人一定是傷心人，養生重在無名，不讓自己成了受刑的傷心人。

「刑」從「名」來的，名是心裡面執著的名號，執著等同建造你的監牢，你想當董事長，你就一生關在董事長的監牢，當上了是已在監牢中，沒有當上也在心裡的監牢中。整天想天下董事長那麼多，怎麼沒有我？看到人家當董事長就生悶氣，更不服氣。把自己的監牢拆掉，解開心結，結就是牢。心結解開了，監牢拆掉了，也就由逍而遙，到處可遊了；齊物論更是同時拆掉天下每一個人心中的監牢。

自己受苦受難，看到別人好，會心裡不平衡，所以我們給家人朋友最好的禮物就是讓自己心理平衡，沒有心結沒有監牢，讓親人朋友每天活得很快樂自在，這是我們對親情友誼最大的回報。你每天憂愁給他看，「都是你害的！」是人我間最嚴重的傷痛。所以為什麼我們老是受到自己家人的傷害，因為你每天看到父母，父母每天憂傷給你看，你就受不了，兒女每天悲苦給你看，你更受不了。怎麼樣才能得救，怎麼樣才能活得很好，就是大家一起得救。首先要從自己做起，來養「生主」，要養我們的心，把心裡的監牢拆掉，把心裡的複雜念頭解消，名利不要，權勢不要，不用成敗論英雄，不以勢利眼看別人，大家回歸天真美好，整個世界得救，所有的家庭得救，那個時候人間就是天國，就是桃花源。道家式的桃花源是「心上種來心上開」，桃花是自己栽的，開花結果是在心裡面，才叫桃花源，人間美好讓人心花怒放，心花可以怒放，就是要在心田栽種。

拆掉心中的監牢

心那把刀刃沒有厚度，想開一點就沒有監牢了，人間就會開闊、寬廣許多，每一個人都活得真實美好。每一個人逍遙遊，那是因為每一個人都齊物論，沒有分別心就齊物論了，彼此沒有監牢，互相之間釋放自己，也放開對方。先生用他的標準要求太太，會把太太禁閉，太太用她的標準要求先生，會把先生禁閉。雙方各蓋一個監牢把對方關進來，結婚成家變成「枷」，所以逃家變成合理化，因為逃「枷」，婚姻變成刑，所以大家逃開那個刑。婚姻一如「圍城」，在外面的想攻進去，在裡面的想打出來。所以婚姻也要解牛，解開婚姻的不好，解開以後，夫妻才可以在齊物論裡面得到逍遙遊，這才是夫妻的養生主，才是夫妻維護婚姻之道。不然的話，雙方都有監牢，一方面禁閉自己，一方面把對方抓進去。朋友也一樣，師生也一樣。但願我們都沒有心結，心中沒有監牢，人生自由無限，沒有複雜而歸於單純。人生無限而社會單純，無限就是到處可去到處都很好，社會單純就是沒有人責怪他人，由複雜回歸單純，讓有限轉成無限。後者逍遙遊，前者齊物論。養生在養心，心要無知無名，生命就無刑，心中無監牢，生命無刑害，釋放自己也釋放別人，大家自由自在。所以養「生主」，心沒有厚度，既可以齊物論，又可以逍遙遊。

道家怎麼解決「死生」問題？道家的理解，人有死是因為你有生，你心裡面已經執著「生」，才會有「死」的傷痛問題，假定心裡面連「生」都沒有，「死」也就不存在。你想當院長，人選發表不是你，你才會傷感挫折，我不想當院長，發表是誰都跟我不相干，我什麼都不要，世界上就沒有什麼可以打敗我，因為我沒有弱點。什麼都想要的人，到處都是弱點，都是忌諱。所以道家說怎麼樣可以「不死」，答案在「不生」，「不生」所以「不死」，無名也就無刑。因為我們覺得死好像無限的幽暗，因為沒有人告訴我們死後怎麼樣，無窮的想像無限的恐慌，死好像一個黑洞，把大家吸進去，卻不知去了哪裡。生死的執著分別是「名」，生死的執著分別所帶來的壓力傷痛是「刑」，所以只要你不執著「生」的話，就不會有「死」的陰影跟壓力。不死之道在哪裡？在「不生」，這是道家給出的解答。最簡單的說法，有名有刑是倒懸，無名無刑則是懸解，有如瓜熟蒂落一般的自然。

寓言之內涵說解

◉養生之道重在養心

台灣鄉土早已擺脫竟日為討生活而打拚的壓力，漸有閒情餘地論養生。不論打坐、練氣功、太極導引或講究生機飲食等等，皆往健身的路上走。

實則，人有三個身分：一是自然物，二是社會人，三是人文心，養生之道，也應有三個層次的區分。《莊子．養生主》的主題解析有兩大進路：一是「養生」之主，問的是養生之道的主要原則；一是養「生之主」，強調養生重在調養生命主體。前者之養生，僅是養形，後者之養生，則重在養心。二者統合，謂「養生」之主，就在養「生之主」，較切合全文旨趣。

依莊子所云「可以保身，可以全生，可以養親，可以盡年」，保身是保有自然形氣的營養；全生是存全生命人格的教養；養親是回歸天道的人文涵養，正是老子所說的「貴食母」，在道的活水源頭汲取生命的甘泉；而盡年則是三者的統貫。

故所謂的「養」，從自然物的層次來說是營養，今天民間街頭所熱中尋求的養生，就停留在這一層次，而遺忘了社會人的教養與人文心的涵養。是以，人際關係未見改善，而心靈內涵依舊貧乏。

真正高檔的營養品，不在各類的維他命，而在人跟人之間互發的光亮。親情、友誼與道義的滋潤溫暖，可以全面支持人生志業的開創，且最高層次的養生，就在涵養心靈的情意與理想，最高的理想與最後的真情，會讓我們的生命發光發熱，有神采有魅力，且是親和力與感動力。

養生之道，首重人文心的涵養，情意理想下貫在社會人的教養中，親情倫理與友誼道義的修養實踐，會讓我們心安理得，且理直氣壯，此當是自然物的最佳調養，雖粗茶淡飯，亦樂在其中。

孟子說：「養其大體為大人，養其小體為小人。」大體是人文心的良知天理，小體則是自然物的形氣物欲，以心知言，且以心養氣，知言判定人間的是非，養氣則擔當人間的道義，充其極，生命的浩然之氣，直與天地同流。

孔子說他自身「發憤忘食，樂以忘憂，不知老之將至云爾！」人生走在「下學而上達」的路上，上達天道的喜悅，取代了人世間的煩憂，「老」已離我們遠去，這不就是養生之道的極致嗎？

◉解牛之道在解自己

《莊子．養生主》有一則「庖丁解牛」的主題寓言，說庖丁在文惠君面前，做了一場「解牛」的工夫展示。依儒家「君子遠庖廚」的價值取向，一個庖人可以在君王面前，演出血淋淋的宰牛過程，根本就是不敬，且不合常理。相信庖丁必是隱藏人間的一代高人，他的解牛工夫已入藝術化境，故有如作品展，在君王面前做現場的演出。

那似乎是一場獨對君王的公演，庖丁以舞蹈的動作與音樂的節奏，在沒有流血、沒有痛苦的情境下，完成了「解牛」的任務。文惠君大為讚歎：「一個人的解牛工夫怎麼可能到達如此高超的境地！」庖丁卻做出澄清：「我一生所追尋的是道的體現，早已越過技藝的層次了！」

他現身說法，解析自家解牛的三段進程，一是目視，二是心知，三是神遇。肉眼看到的是牛的血肉形體，心眼看到的是牛的骨節架構，天眼看到的是牛的神韻風骨。目視停留在牛的物質性；心知落在實用價量，封閉了牛的性靈；神遇則釋放了牛的精神風貌，而顯現了牛本身的美感自在。

此段寓言，以解牛的刀刃，來比喻人物的精神自我，而牛體的障隔，比喻的是人間街頭的紛擾。人生就是人物走上人間，牛體龐大且結構複雜，刀刃去切割會受損，去砍斫會斷折，這正是人生路上承受挫折，且帶來傷痛的癥結所在。莊子說解牛而不說宰殺，順任牛體的自然結構，只要刀刃沒有厚度，總可以穿過且解開看似糾結，實則仍有空隙的骨節與筋肉交結之處，牛體如塵土飄落大地般解開了，有如人間名利與天下權勢的纏結困局，也可以在無掉心知執著的自我解消中被解開一般。

此其原理，就在「以無厚入有間」，刀刃無厚，而彼節有間，那再窄小的空間，也可以遊刃有餘。莊子本來教導天下人去解開牛體，實則是解消自我，因為天下的複雜，來自人心的複雜，所謂「知也無涯」，心知執著太多，會由自我中心且自我膨脹，人我之間才會由緊繃而決裂，假如人人讓自身的刀刃無厚，則人間行走還是可以優遊自得的。

放眼台灣島內的各黨團流派，一定要揮舞大刀，砍向這一生命共同體的有限資源嗎？官商黑金可以合縱連橫，搶席位地盤，也瓜分全民利益，既不避嫌又無顧忌了嗎？此老子有云：「民不畏威，則大威至。」當天下人民不再畏懼威權統治之時，來自民間、發自民心的沛然莫之能禦的民意力量，是會激揚而起的。今天的台灣社會，已遠離威權，卻掉落在另一無法無天的失序亂象中。老子又云：「信不足焉，有不信焉！」官方信不足，民間有不信，公信力崩解，公權力也就不立。試問當前總統夫人遠走異國，說是柔性外交，卻無異輪椅苦行的同時，朝野民代還可以官商黑金混成一團，在台灣鄉土縱橫來去嗎？可別忘了解牛之道就在解自己。

善惡是名，善惡也是刑，
你一定要放下、放開，
不執著善惡的二分，
它就不能壓迫我們。

鄭靖凡／攝

人間世——人世的難關

人間世界有如天羅地網，我們每一個人都被網羅困住，無所選擇，
既然解不開也逃不掉，無所逃又不可解，就安了吧！
不討厭自己，不跟別人比，通過人生這兩大關卡，
你便釋放了自己，同時也釋放了他人，從自困自苦走向自在自得。

《莊子》第四篇是〈人間世〉，「人間世」就是人跟人之間所發生的關係世界。按照我的理解，莊子的詮釋系統人生的處境是「心在形中」，我們的心在〈齊物論〉說是真君，它落在一個形軀裡面，從這裡講「吾生也有涯」。心可以為生命做主，〈養生主〉說是「生主」，是生命的主體，養生之道在養「生之主」。形氣會疲累會病痛，而「心」卻是空靈，無心無為，就可以無名無刑，養生之主在養「心」。

普天之下都是一樣的心，能跟天地同在的心，可以說是道心，本來心沒有差別，天底下每一個人的心，都是一樣的靈動。千古下來的心，東西方的心，今人古人的心都一個樣。但是這樣的心落在每一個不同的身體裡面，就有了分別心，有人我之間的差異性，那是心受到形體的拘限。「吾生也有涯」不是光指人生百年的有限性，而且是指我只是我，就不可能是他人，這是人生第一個問題。

人生的第二個問題就是要活在人間世，不光是一個我，而是跟很多人在一起，就從這裡說「知也無涯」。很多人在一起就會產生奔競爭追，例如一個世界運動會，安排了多少比賽，給出多少金牌，各國代表隊搶領先、爭排名，這叫「知也無涯」。這是屬於人跟人之間，並列排比，互相較勁，互有領先，所以人我之間會發生很多情事，一起去做事，一起去讀書，一起信仰，一起修行，這叫志同道合，有時候說性情相投。在《論語》說「共學適道」，我們可以一起讀書叫「共學」，一起去追求真理叫「適道」。很多人在一起就構成關係世界，人跟人之間的關係世界，我跟爸爸的關係，我跟兒子的關係，我跟兄弟的關係，我跟姊妹的關係，還有先生跟太太的關係，老師跟學生的關係，形成整體的人際關係網，這叫人間世界。

「吾生也有涯」，莊子在〈人間世〉告訴我們這叫「命也」，「知也無涯」就叫「義也」。吾生來自父母，莊子說是「子之愛親，命也，不可解於心」。生是通過父母給的，父母生給我的是天生的命；而命是有限定的，叫「吾生也有涯」，講得最直白就是每個人命一條。算命是算我們的有限性在哪裡，會有怎麼樣的遭遇，命最大的有限性，就是只能活一回，不能活兩回。我只能活一百年，不可能活二百年，這叫命；我只能做我自己，不可能做別人，這也叫命。每天過自己的生活，每天做自己叫命。但是有些人去算命是希望自己變成不是自己，看看有沒有辦法把自己算成別人，真是不可思議。什麼叫命？「命」就是認我自己，爸爸媽媽生下我，就是我的命，人生最大的命就在愛生我的父母親，因沒有他們就沒有我，我的命是從他們來的，所以我的愛直對父母，由此說「子之愛親」是命。

解不開就不要解

天下兒女的心，總是愛他們的父母，「不可解於心」，這樣一份愛由心生發出來，而這樣的心是不可解的，你的心永遠忘不了你的父母，你永遠解不開對父母的愛。莊子講命不可解，既解不開那就不要解，就認了吧！每天好好在家當兒女就是我們的命，還要去算嗎？任何人都有父母，只要有這個人，就有他的父母，所以兒女愛父母不會落空，你每天可以愛你的父母，就是人生最大的好命，好命在哪裡？就是做人家的兒子，做人家的女兒。也許那個愛是滿累人的，在道家的思考，愛是牽累，例如男女的情愛、夫妻的情愛，可是我們心甘情願啊！因為你愛啊！有的人執著愛，而愛卻在心裡面糾結而亂成一團，結解不開，好苦好痛！人間情結可以解開，「子之愛親」卻解不開。

莊子告訴我們，對父母的愛就是命，那就不可解，也解不開的。因為一解開，自己就流落天涯，而無家可歸。什麼關係都可以脫離，但親子關係永遠不能脫離，登報都沒有用，因為你每天想的都是他。一生氣就說不要這孩子了，那是做不到的，他沒有回來，你就睡不著，只要他回家，你就覺得天下美好！我兒子念小學時候，傍晚放學回來按電鈴時，我覺得那電鈴聲好像莊子所講的天籟，電鈴聲一響起，立即開門迎接，背著他的書包一路護送他進臥房，問他口渴嗎？今天是否受了委曲呢？功課還好嗎？隨侍在側，永遠當快樂的書僮，天籟呀！所以那是永遠解不開的，既然解不開，就不要把它當做結，也不要把它當做負累，說愛好累人喔！這話不能講，愛是人間最大的美好，你就是想解也解不開，這是與生俱來的命。

天生的命與人間的義

〈人間世〉說人間世界有兩大關卡，「天下有大戒二，其一命也，其一義也。」我把大戒解為大關，很難通過，可是你一定要通過。人總要接受我自己這個人，很多人活了一輩子都還不喜歡自己，每天看自己就討厭，覺得自己怎麼那麼差，每天都羨慕別人，想做別人，真正認命、知命的人，一定會說自己好好喔！當然也說別人好好喔！但是我們就活在自己的「好」裡面，再欣賞別人的好，不要老說自己命不好，所以要通過「命」的關卡，一定要喜歡自己，一定要接受自己，雖然這關卡很難通過，但是你一定要通過！一定要認，不然的話「吾生」的「吾」就沒有了。

第二個關卡就是要通過人間世這一關，莊子叫「義也」。「臣之事君，義也！無適而非君，無所逃於天地之間。」這個「我」是父母生的，這叫命，你一生就是靠你的命，因沒有我這個人，我的命就沒有了，命運還不是你這個人的命去運嗎？倘若你這個人都沒有了，怎麼去運呢？所以命運是我這個人去運轉，這樣的話，我才會把我一生轉出來，運出去，這叫人生的「運途」。不一定愛拚才會贏，「運途」是用智慧、用愛心、用修養，那就可以運轉了，不能只靠身體的打拚，而是靠心的靈動。

所以第一個問題是我的命，第二個問題在我的詮釋系統叫緣——人生緣會的緣。你一定會在街頭走來走去，從這一個村落走到另一個村落，從這一個城市走到另一個城市，從這一個國家飛往另一個國家，這是人間發生的緣會。你一定會碰到不同的人物，發生不同的事情，這叫人生的緣會，有命運、有緣會，緣會是你跟別人發生的，天生是命，運是我自己的運轉；緣是命跟命之間，我的命跟你的命碰在一起叫「緣」。兩個命在一起，這叫相依為命，相依為命叫善緣；兩個命碰在一起，還共同走一生叫緣分。分可以定住緣，分就是情分，不是光你碰到我，我碰到你，這碰到太容易了，兩個人碰到，相遇還要能相合，還要有一生的情分。緣會要有情分才能定得住，才能長久。

一般說來，活得好不好，大部分是緣分決定，有沒有碰到好的長官、好的同事、好的同學、好的朋友、好的先生、好的太太，在在影響我們一生的幸福。所以算命一定要算到緣，光算我自己，沒什麼好算的。青年朋友填志願，看喜歡哪一科系就走那一條路，這就叫好命，這很單純。但是好命的人，條件很好的人，在人生旅途上並不一定能夠碰到願意接受你的人，或你可以接受的人，人跟人之間的關係是錯綜複雜的。其中還有緣會的問題。人間不是有懷才不遇嗎？很多人有才華，為什麼沒有人看到呢？那個人沒看到，就是你跟那個人沒有緣分。

命要認，義要承擔

莊子認為人活一輩子，最大的人際關係叫「家」，叫「國」。我們講家國天下，人物是命，是在家生出來，人間是緣，是在一個國度展開的，「命」是父子關係，「義」是君臣關係。儒家也說父子之親與君臣之義，莊子也在同樣的歷史傳統中，人間世界在戰國時代就在一個國或列國間展開，我這個人是父母生的，我的命是在我的家中長成的；此外，是活在一個國度裡面，一個國與國的天下裡面，你會跟很多不同的身分與地位的人在一起，就算不喜歡他，你還是要面對他，找到一個彼此可以接受的模式，那就是合理的「義」。

「臣之事君，義也」，我們每一個人都是臣下，做臣下要奉事君上，在今天的理解相對容易，我們都要尊敬總統、認同國家，「事君」不一定要做一個很傳統迂腐的解釋。我們一定要信任行政院長、各部會首長，不要逼問：「他們為什麼老是去打高爾夫球？」他也是一個人，並不能因為當院長、部長，就取消一些人生常軌的日常活動，我們在家做人家的兒子，在國做人家的臣下，做中華民國的人民，就要遵守我們的法律，這叫「臣之事君，義也」。天經地義，我們遵守中華民國的憲法，那是當該的義理，講道義就要在人生路上守住這個義，國家的軌道才可以運轉得宜。大家不講道義，說這個法律是官方定的，我不接受，或這是前人定的，我不接受，那整個台灣的道義就給不出來。

國民守國家的法律，義也；市民尊重市長，義也；中華民國的國民敬重我們的總統，義也；除非你不認自己的國家。國家認同，才會有歸屬感。「無適而非君」，不管你所往何處，都有君王，你到香港，香港也有法律；到夏威夷，夏威夷也有法律；你不要以為在台灣受拘束，那你到美國受的拘束更大，美國警方的威力壓制超過台灣，所以不管你到哪裡都有君王，這導出一句話——你無所逃，你逃不掉。所以命是不可解的，義是無所逃的，你的愛是解不開的，你的責任是逃不掉的。我對父母的愛解不開，我對社會、國家的責任逃不掉。你一定有國籍，你一定要在人間某一個角落生根，那就是你的國，你逃來逃去，總是要在天地間某個地方定下來，你一定要落地，一定要生根，一定要傳家，而這是無所逃於天地之間。天下兩大關卡一是不可解，一是無所逃，人生總要通過兩大關卡的考驗。

愛不可解，義無所逃

簡單一點說，人生兩大關卡，第一是做人家兒女，第二是做人家先生或太太，養兒育女滿辛苦的，先生、太太一輩子也滿為難的，但這是你逃不掉的，你不能說你不要，你一定要通過，這是人生兩大問題。對莊子來說，既然是不可解的，那就「不擇地而安之」。不管身在何處，反正不可解也解不開，你不能選擇一個好的地點、好的時辰，說：「爸媽！我現在可以盡孝道了，因為這是吉日良辰，這是觀光景點。」不行的！在任何處境都要盡孝道，不能看好日子、挑好地點，所以說「不擇地而安之，孝之至也」。隨時隨地都要做人家的兒女，隨時隨地都要盡孝心。另外臣下對君上是「不擇事而安之」，做一個台灣人的事，你不能選擇，你不能在繳稅時說我不是國民，使用健保時說我是國民，這沒有選擇的空間，國民的義務是當兵、繳稅、守法，做為一個臣下，既然逃不開，你就不要逃，任何事都要承擔，「不擇事而安之，忠之至也」，什麼事情我們都認了，就把它扛起來。

因為「不擇事而安之」，不管任何事你都要安，並且一肩挑起，絕不逃避，這才真正的「忠之至」。你在忠之至的時候，還很不滿、老發牢騷，那就不算了，莊子講要安之，安之是在心裡面認定也接受，不會心不甘情不願。發表中小學老師要繳稅時，中小學老師很不高興，這實在不可思議！因為我們跟小朋友講繳稅是國民的義務，而老師就不是，希望國防部長也不要不高興，我們命都可以獻給國家，怎麼繳稅會不能接受。我命都可以交出來，更不要說稅了。

不擇地、不擇事，你總是安的。「知其不可奈何，而安之若命」，我想我們愛父母的命，大家都比較可以接受，這是幾千年的傳統。我們的家庭觀，是全世界最穩固的；我們的國有時候像一盤散沙，還好我們的家根深柢固，在家族方面我們很強，但是對於國家的義是比較弱的。既然是無所逃，無可奈何逃也逃不開，那就安義若命吧！把無所逃的義，當做不可解的命來安吧！

這人世間很複雜，這十字路口很複雜，你從永和、新店到台北要經過層層關卡，但你總是要到台北去上班、上學，常常擠在交通的高峰時段，一個鐘頭到不了，這是不可奈何。既然不可奈何，就不要生氣，不要讓自己一路上心律不整、消化不良。首先要有不可奈何的體認，你逃不開，總是要路過台北街頭，且正值交通尖峰期，既然不可奈何，你就安吧！像認命一樣，你把台北街頭就當我這個人一樣，我這個人是不能換的、不能改的，就是這個人，你就認命，同樣也要認台北交通的命。你一樣的安，把它看成做台北人的命，實在是不可奈何。很多事情你從這邊想，我們的職業不理想、工作不如意，但你就安之吧！反正無所逃等同不可解，就把它當做命吧！

此中最大的問題是，我們把婚姻當做命，婚姻是在人間社會遇合的，叫「義」；父子才是命，母女才是命，夫妻本來是義，說夫妻的情義，也說夫妻的情緣，情義、情緣都是通過情牽連在一起的義跟緣，但夫妻因為最親近、最親密，所以問題最多。「知其不可奈何，安之若命」，把它當做像我天生這個人，總會跟一個才氣可以相互感應的人在一起，每一個人在人間總是要做人家的先生或太太，每一個人都要通過這一關，既然總要承擔，就把它當做命一樣的認吧！不用每天不滿、每天埋怨、每天責難、每天吵架，安之若命，這是解決問題的一個比較可以被接受的心理轉換。

我們從整個莊子的系統講下來，〈人間世〉講，〈養生主〉也講，在這個地方你要逍遙遊，在這個地方你要齊物論。你不齊物論的話，你會對自己的工作不滿意；人間世界最大的壓力，就是我們不如人家，為什麼人家老是比我好？所以《莊子》第一篇講〈逍遙遊〉，第二篇講〈齊物論〉，而第三篇〈養生主〉強調「吾生也有涯」，所以才要你逍遙遊，像大鵬鳥在天上飛，飛出我們自己的精神世界，飛出我們的自然天地，不要被拘束在有涯裡面，你可以往上飛揚，有一個突破。〈人間世〉告訴我們那是無可奈何，你要通過，又很難通過，難以通過就是大家天生不平等，而社會不公正，好人又不一定有好報。人間世界最大的難關就在此，所以我們要解消放下，不跟自己過不去。

生有涯要逍遙遊，知無涯要齊物論

我們希望大家能自由的去開發前程，人我之間又可以平等對待，不要看不起別人，也不要覺得自己很差。官能的欲求很有限，人生三餐而已，你要那麼多錢做什麼？買二本書一個月就看不完，要那麼多錢，只是為了跟人家比較。假定我們為了生活，並不需要那麼多的錢，既然不用那麼多錢，為什麼要為沒那麼多錢而傷感？就像你總不會急著把外面的空氣吸光吧！「趕快多吸幾口，每一秒吸一次，賺回來。」何必呢？天地間到處都是空氣，你不必到處猛吸空氣。難得太陽出來，中午趕快去曬太陽，趕快把它曬光，曬光就是把別人的陽光都搶過來曬到我身上，不可能嘛！金錢跟空氣一樣，跟陽光一樣，跟水分一樣，你總不會跑到新店溪把水喝光，把所有的水汲回家。財富也一樣，我們不需要搶盡天下的財富，藏在自己的家，那家就被財富擠爆了，人也被擠出來而沒空間過家居生活了。

所以問題就出在你要跟別人比，誰比較有錢？誰名列排行榜？所以活在人間世你一定要齊物論。資本主義要逍遙遊，社會主義要齊物論，道家兩邊都要；逍遙遊是向上開發，齊物論是大家拉平；莊子讓每一個人都能逍遙遊，又可以齊物論。大家信自己的宗教信仰，這叫逍遙遊，大家各信各的，而信仰往上走，生命會往上提。但是各大教之間我們希望齊物論，有限的我要逍遙遊，複雜的人間世界要齊物論，不然你怎麼比都比不完，你面對兄弟姊妹就覺得媽媽不公平，為什麼妹妹的臉龐生得比我漂亮？為什麼哥哥的身材生得比我好看？「子之愛親」，還埋怨父母？人生怎麼比都比不完，比不完那就不用比了叫齊物論，這樣就是安之，不擇地不擇事的安，不擇就是不選擇，不比了，隨處都安，任何事都安。儘管有些事情的發生是不可奈何，你可以把它當做天生的命一般的安吧！

解不開認了，逃不掉安吧

人物的命，可以把它擴大到人間的緣，我這個人是命，我做人家的先生也是命，做人家的太太也是命，做一個中華民國的國民也是命，繳稅是命，服兵役也是命，這是無所逃的義理，沒有地方逃，且又逃不掉，既無可奈何，你只好安之若命吧！安的時候你就不會苦了。

我是公教人員，每年要繳二十幾萬的稅，做生意的朋友都沒有繳這麼多，顯然彼此的收入是不成比例，但我都安之若命，繳稅是國民的義務，就不跟別人比了。不要比了，就可以安；一路心安去繳稅，一路心安回家，不會三兩天睡不著覺，不會三百六十五天生氣，既然無可奈何，你為什麼還要讓自己生氣？所以道家用「化解」，化解那個負擔，化解那個不平。奉養父母也是個負擔，人間行走也是個壓力，考大學、考高普考會有壓力，找工作也是個壓力，道家要我們把負擔轉成擔負，壓力化為動力，如何做到？就要「不擇地而安之，不擇事而安之」，何以能安，因為我認了，人物的命我認了，認了就可以承擔；人間的義不比了也就可以重新出發，反正是不可解的，你為什麼不認了？反正是逃不開的，你為什麼還要比呢？所以我從來就不覺得做台灣人是第二等公民，我不會這麼想，何必一定要移民美國、加拿大去當第一等國家的公民，我在自己國家是第一等公民，我到美國、加拿大就變成是第三等。我們為什麼要跟美國比呢？某一天我們也可能像美國，而且美國就比我們好嗎？不比大家都很好，全台灣人都安了，天下兒女都認了。

在莊子的人間世界，做一個人是如此有限，但是你認了就不會被限定所苦。我認了，就不會討厭自己，一六〇公分的身高我以前很在乎，忘了到幾歲才認了，大概是講「緣與命」的時段，說服自己要認了，我到處讓人家看我的身高，還在乎什麼？放下也就認了！我不比了，我就覺得當一個老師很好，當公教人員很好；我不比了，我就不覺得自己好清高，清高就是很高但是很清，清就是什麼都沒有，清貧生活簡單，我不比也就自我完足。任何該做的事情，不用選擇，我都能安。直下承擔就是了，還要逃嗎？反正逃也逃不掉，認了就好！安之若命，認了命你就安了，安了就沒有負擔，而可以擔負，突然間你就像一隻鳥飛起來——逍遙而遊，沒有壓力之下就飛起來了，不是轉為動力了嗎？精神自在起飛，心靈在飛翔，你回頭看人間每一個人，每一個人都很可親、很可愛。

我們討厭他是因為跟他比，老是考到我前面，哪一天你不跟他比了，你會覺得他是一個很好的朋友，天底下很多好朋友都在競爭，每天都在比較，現在我不比了，就是好姊妹、好兄弟。不比了嘛！你才發現原來鄰居那麼可愛，走在路上看身邊的人都很可愛；你不跟他比速度，他的車子硬切進來，就給他空間，用欣賞的角度看他切進來，如同教練般的輕鬆，不然你會生氣。讓人生改觀，那時候可能引發的衝突及悶氣就沒有了。反正一個是不可解，一個是無所逃，不可解就認了，認了就可以逍遙而遊，不比就如同齊物之論。放下自己，同時釋放身邊的每一個人。

〈人間世〉在討論人間世界有如天羅地網的人際關係網，我們都活在一個人際關係的網羅裡面，所以每一個人都被網住，無所選擇，不擇地、不擇事就安了吧！因為解不開也逃不掉，無所逃又不可解，困在裡面，你就不要選擇、不要比、不要討厭，也不會嫌棄，什麼事也沒有。不討厭自己，第一大關通過了，不跟別人比，第二大關也通過了，人生從此幸福，每天逍遙遊，凡事齊物論，你釋放自己，同時也釋放了親人朋友，這是人生兩大智慧。你不跟他比，你救了自己，也救了別人；你跟他比，傷害了自己，也壓迫了別人。所以道家無掉心知的執著，一一破解了人世間的天羅地網；不討厭自己，也不壓迫親友，就從自困自苦走向自在自得了。

現在來談人間世界比較尖銳，或說是「一級戰區」的問題。像知識份子要怎麼向國君進言，以救出國君底下正受苦受難的人民，而不會引來後遺症，甚至會適得其反的災難，那救人豈不是等同害人了嗎？

救人是災人

這段寓言說顏回看到當時衛國的君王是一個暴君，所以顏回想去跟衛君進言，因為孔子教他要救人救世，顏回想要去救衛國的人民，他就要去跟衛國君王說話，希望他能為人民想，而不要年壯而行獨。孔子就問他說：「憑什麼去呢？」「老師教給我做人的道理，我就用老師教導我的去勸諫他啊！」孔子跟他說：「你此去很難全身而退。」因儒家是大家派，孔子是大聖人，我顏回是孔門大弟子，我要把老師說的大道理，去跟對方說你錯了，你應該改過來。孔子說你去向別人發表宣言，把對方大罵一頓，倘若你還能回來，那是對方客氣，也算你運氣。孔子認為像顏回那樣去的話，等同扮演災人的角色。「災人」就是帶去災難的人，人家本來好好的，你一去就說他錯了，你這國家很差，就像美國到處說人家國家不上軌道，那美國就是災人。孔子說像你這樣的人就是災人，因為你認為自己是對的，你到別人那裡說人家不對，那邊豈不是變成災區嗎？貶人家是落後地區嗎？判人家是錯誤的領導人嗎？這叫「災人」。說自己是對，說別人是錯，好像自己是正義之師，既是當仁不讓，又是義無反顧，實則我們是以災人的姿態出現，因為你認為你是對的，你好名，你是孔門的大弟子。

這是寓言，是莊子在講故事，不是真的史實，因為當時最有名的是孔子和顏回。顏回這個人其實很道家，他是儒家的大弟子，生活形態貼近道家，所以莊子最欣賞他，重要的大道理都通過顏回說出來，他「一簞食，一瓢飲，居陋巷，人不堪其憂，回也不改其樂」，貼近道家素樸簡單的生活。《論語》說孔子「飯疏食，飲水，曲肱而枕之，樂亦在其中矣」，我很喜歡這段描述，想像在鄉土屋簷之下，孔子躺在一條長板凳上休息，師生生活形態如此神似，這種情節路過台東、花蓮還可以看到，好像人間仙境。曾在台南古城看到幾個老先生在赤崁樓的榕樹下下棋、喝茶聊天，那是人世間的美景，尤其在落日黃昏的時節，那就是孔子和顏回的境界。

顏回要去救人，儒門就是醫門，「醫門多疾」，病人前來求診，那我是醫門的大弟子，所以我一定要救人。孔子說你認定自己是對的，這是好名，「德蕩乎名」，執著名號會讓你的本德流蕩失真，本德天真，人我沒有隔閡，人在沒有武裝時的對話有如童言童語，好名是心知執著名號，想跟天下人爭高下，原來的天真就沒有了。好名的人或好利的人，那就討人厭。又自以為優越的人，在眾人面前就認為高人一等，他選上立委，他當上縣市長，立即端起架子；我不跟他來往，因為他不「齊物論」，我怎麼可能跟他「逍遙遊」，我還是自己「養生主」吧！

救人行動轉成「益多」

所以一個人一好名，就會帶來災難。顏回自以為自己是對的，擺出要去救人的高姿態，會讓顏回的天真可愛不見了，你的知識、你的學問去跟天下人爭，去跟衛君爭，你一去就把衛君給比下去了，他怎麼受得了？他的臣下這麼多、人民那麼多，你說他沒做好不能成一位好君王，那你得罪他最大，所以他心裡判定你這人是災人，「災人者，人必反災之」，你是帶去災難的人，人家為了平衡一定把災難還給你。所以我們在世界上，都在不知不覺中得罪人，你露出你的精采，你表現比別人強，你就得罪人；你得罪人，他一定想盡辦法反災之。什麼是帶來災難的人？只要跟你在一起他就輸掉了，只要你出現他就沒戲唱，你都是主角，他都不是，所以他一定不擇手段反災之，反災之的方式大多不那麼光明正大，如說閒話、打小報告或造謠等等小動作，讓你受不了，讓你不愉快，這叫反災之。這是第一個問題。

第二個問題是在災人之外，你可能成為「益多」，什麼叫益多？你本來是要說他不對，對不起衛國人民，你用你的知、用你的德去跟他比，說他錯了，但他是一國之君，你去跟他比，在他的朝廷，你一進去滿朝文武高喊「威武」，都是出將入相的人物，你人單勢孤在氣勢上立即受挫，反而被震懾住了。

你有沒有看荊軻刺秦王，荊軻在等某個豪傑人物可以寄託重任、共圖大事，但那個人一直還沒現身，燕太子丹不相信他，逼他趕快去刺秦王，荊軻被迫帶一個殺人不眨眼的江湖浪子秦舞陽，一進秦國的宮廷，他兩腳發抖，站都站不住，事態敗露，刺殺秦王不成。豪傑生命置之度外，可以不露聲色而沉得住氣，江湖好漢是不行的，面對整個宮廷氣勢，立即就垮了。所以孔子告訴顏回，你第二個危機，本來是要去勸諫人家，跟對方說他不對，沒想到反而被對方的權威氣勢壓垮，他是當家的君王，你會轉成「益多」，益多是高喊萬歲，說衛君英明，歌功頌德反而加重災情。就像你本來是代表隊，要去把日本隊打敗，沒想到一到日本反而變成人家的啦啦隊，為對方鼓掌，完全垮掉！剛開始很多讀書人都想去從政救人，都說我要去行仁政，經世濟民，但是投入權力中心以後，就變成啦啦隊，只要每天喊萬歲兩個字，就可以保住權位。你看多大的諷刺！莊子說益多就是「以水救水、以火救火」，那邊火夠多了你還要把火加進去，火上加油，以火救火火更大，以水救水水更多，氾濫成災。所以第一個你是災人，帶去災難的人，人家一定用災難來回報你；第二個你被王宮朝廷的氣勢所壓垮，反而成了益多，益多就是增益他的多，你反而變成他的啦啦隊，加重擴大了災情。光靠「我是對的」那是不能成事的，你是對的，別人就錯了嗎？

關鍵在「未達」

儒家說從我是對的出發，道家說不能靠自己的對。孔子說顏回「未達人心」，也「未達人氣」，你想救人為什麼反成災人？因為你的心沒有跟他的心貼近，假定兩個人很貼心，你就不會是災人，進行勸說的時候，只要你很貼他的心，兩個心是一個，你就不會反成災人。所以一定要講悄悄話，講貼心的話，要體貼、要親切，心貼心叫達人心，達人心就是兩個人的心貼成一個，你的心跟他的心同在，他就不會覺得你把他比下來，說你是帶來災難的人。所以夫妻是同命鳥，你跟先生說話的時候，代表所有的問題是兩個人一起的，所以兩個人一起來想怎麼辦才好，因這問題是我們倆一起的，這樣太太說什麼話，先生不會覺得太太是災人，在他的心之外說為他好，他感受不到你的好意，只要你說他不對，你就是災人。他就此忘掉你以前的好，他一定會想辦法，讓你跟他一樣不好，來為自己平反，所以就是親如夫妻、親如父子，說什麼都從對方的角度想。像我兒子物理考垮，我就跟他坐下來說：「我們來想想看，這一回我們為什麼會考垮？」一定要說「我們」，不可以說「你為什麼給我考這麼差？爸爸的面子在哪裡？」不能這麼說，父子心貼心，檢討為什麼我們考壞了？在什麼地方不懂？要怎麼樣讓它懂？父子貼心，他也覺得很溫暖，他考不好已經很難過，很害怕爸爸把他罵一頓，結果發現不是，原來爸爸認為兒子的事就是我們兩個的事，爸爸關心也支持鼓舞，我們要把物理學好！未達人心，爸爸說任何好話都成了災人，達人心就不是災人，因為你的心貼近他的心。你的心在他的心之外，你所講的好話都是壞話，你的心在他的心之內，你講反省的話就不會是災難，人生就是這麼簡單。

第二是「未達人氣」，達人氣是兩個人的生命是感通的，我們講相生相剋，相生就是氣質相應。兩個人為什麼叫好朋友？他還沒說話你就懂了是「莫逆於心」，我們叫默契，不必說就已經契合了；不求合就合了叫冥合，沒有說什麼就合了。兩個生命在一起彼此間就自然生出感應，自然感應就不必益他的多，有時候感動力要靠心靈的感通，不是要靠人生智慧解決人間世界的問題嗎？那是心神的達，「達」就是可以交會，跟對方合成一體。達人心是你的心跟他的心同在，達人氣是你的氣跟他的氣同行，心同在，氣同行，心感氣應不會見外，不用自我保護，更不會相互猜忌，好是兩個人一起的好，難題是兩個人一起面對承擔。

顏回提了好幾個可能的應變措施，老師說不行就換一個，又不行再換一個，孔子仍說不行！問題不在哪一套比較好，也不是有多少套的問題，問題是你一直在他的外面。你越多套，他越煩，不論哪一套都是要把他比下去，不管哪一套都是要帶來災難的人，所以不是有沒有好幾套的問題——我有沒有學問？我能不能應變？我有沒有智慧？我有沒有才氣？問題不在這裡，而是有沒有跟他心貼心，有沒有跟他的氣感應，貼心跟感應是要成為一體。災人或益多都是因為你在他的外面，你有多少套都沒有用，你的越多套越壓迫他；你在他的外面，就是跟他比，把他比下去。你只有一個辦法，就是跟他「同體流行」，你要跟他「一氣之化」，你的氣跟他的氣是感應的，互相感應，互相帶動，那就不會益多，也不會成為災人！

「心齋」是心中無股價，手中有股票

莊子告訴我們要做心齋的功夫，心要齋戒！不是吃齋受戒，莊子說「天下之大戒二」，又說「心齋」，齋也講戒，合稱齋戒。宗教上講齋戒，但是心齋是在心做工夫，他說：「無聽之以耳，而聽之以心；無聽之以心，而聽之以氣。」又說：「聽止於耳，心止於符，氣也者，虛而待物者也。」他要顏回做「心齋」這工夫，做這工夫可避開「災人」之身分，或者轉成「益多」的危機，不然就非此則彼的兩難，不是災人，就是益多。虛而待物，無了自己，重心落在對方的身上，既能達人心，又達人氣，「無聽之以心」就可以達人心，「而聽之以氣」就達人氣。無了我自身的心，就可達對方的心，無了我自身的氣，就可達對方的氣，與他的心同在，也與他的氣同行，你跟他一體同行，就不會成了災人，或反成益多，這樣就可以救人了。

他說不要用你的耳朵聽，用耳朵聽就是道聽塗說，隨傳言起舞。台灣的股票市場，明牌滿天飛，莊子告訴我們，你要心中無股價，就是心齋，這太精采了！因為心中無股價，就算手中有股票，也不會擔心受怕。一個心中無股價的人，才可以手中有股票。這樣你就可以不擇價而安之，股價本來就起落不定，怎麼能保證「價」每天都穩定，那還叫市場嗎？那叫保險公司，世界哪裡有這種保險公司！那一定賠錢。所以要無聽之以耳，因為聽到的外面現象都靠不住，你看馬路消息每天都在轉，這佛教說是緣起，耳朵接觸的聲音在流轉中，傳言搖惑人心，用耳朵聽就會隨外流轉，所以不要用耳朵聽，要用心聽。這樣的話你就由外而內，內是內心，外是外物，而外物在流轉變化中，你聽它也不能安，聽了等於沒有聽，只有每天跟著它跑，你的生命一定不安。用心聽，你回到內心，你開始有自我，有自己的世界，不光是社會變動的排行榜，而是有自己的內在世界。你開始由外而內，因為外太複雜，變化太多；內是比較寧靜，比較單純。外的話，會讓我們分心，我們精神會散落；用心的話，你會專注，而且會凝聚，人的精神要凝聚於內不要散開於外，靜坐心思就凝聚，整個生命、整個精神就坐定在這個地方。

第二段的工夫是不要用「心」去聽，一用心去聽你會記得，心會知，「知」就是執著，所以不要用你的心去聽，而用你的「氣」去聽，這太難懂了！用心聽是有心，現在是聽之以氣，是無心，連心都空掉，這叫空靈，你用「什麼都沒有」去聽，「什麼都沒有」會轉成「什麼都有」，「什麼都有」是生命之氣被釋放了，而回歸自在自得。這是道家「有生於無」的終極智慧。「聽之以心」，是心知禁閉生命之氣，「無聽之以心」，是心知釋放了生命之氣，而「聽之以氣」是被釋放的氣，可以融入天地之一氣，游手天地之一氣。

「虛而待物」就是「有生於無」

你不要看它「無」，但是一切「有」從它來，你的靈感、你的創意、你的點子、你的理念通過它來，所以不要用心聽，要用氣聽。本來原文是「聽止於耳」，顯然是前後顛倒，我們把它換轉過來，當是「耳止於聽」，「止」是充其量的官能作用，在聽聞外在的聲音。心呢？心是止於符，心會起執著，充其量的功能作用在責求外面的現象要符合心知的標準。第一關是「聽之以耳」，第二關是「聽之以心」，第三關則是「聽之以氣」，而「氣也者，虛而待物者也」，氣本是流動的氣，本質上是虛，故「聽之以氣」是「虛而待物」；「待」本是對待，問題在主體的「心」虛了自己，就不是主客相對，而是超越在「物」之上，「心」超越的觀照「物」，「照」是照現，而照現是生成，「待物」是生成萬物，依然是「有生於無」的道家智慧。

我們活在台北的街頭，活在台灣的社會，台灣的生態環保是「自然物」的問題，台灣的交通、法律是「社會人」的問題，而這些問題都空前複雜，而且會形成我們的負擔，但是你不能說我不理它就算了，我從人間跳開就好，為什麼還要讀〈人間世〉，本人拒絕人間就好了。但是你逃到坪林還是在人間，你到蘭嶼隱居依然在人間，現在不是說我要不要逃的問題，是如何對待它的問題。你不能逃出來，它告訴你無所逃於天地之間，你逃不開這個的，整個地球是一個命運共同體，我們只有一個地球，你逃不開的；此外，我們逃不開人類的政治，阿拉伯的危機就是全世界的危機，我們跟兩邊都沒有什麼恩怨心結，但是我們也在危機之中，因為它是全球性的，逃也逃不掉。你不能說我把對世界的愛心關懷解開，就沒有壓力了，反正我不愛世界就不會有煩惱，那反倒會有更大的煩惱，心中沒有愛，生命頓成空白。

你看到電視新聞還是會傷感，有人飢餓、有人戰亂，你還是會痛心，所以你不能說那我們逃掉吧！做一個人在心裡面不能解開，做一個人在人間不能逃開，你又不能解開，又不能逃開，就得「待物」，問題是怎樣的「待」才不會有那麼多的煩惱？怎樣的「待」才不會轉成災人跟益多？你可能難以想像，我聽到釣魚台的消息，第一個反應是半夜游泳去把燈塔炸掉，你看幾十歲的人還想十幾歲的念頭，這話我不敢對青年朋友說，萬一老師沒有做成，他們去做，那就嚴重了！但是我們有時候會變成災人，你去把它炸掉，會變成台灣政局的艱難，就像竹聯幫去美國殺人，已造成整個台灣政局的壓力跟困境，所以這個地方用什麼去「待」就很關鍵。

不把別人判死

人生的悲劇要不就自己犧牲掉，要不就變成別人的啦啦隊，所以如何「待物」？要有智慧，要做「心齋」的修養工夫，用什麼來待物？用虛、用氣，氣就是虛，那虛有什麼好？當我「虛」了以後，我把自己「無」了以後，氣就可以感應。本來自己的形體，對心靈而言是一個限制，是即「吾生也有涯」；感官也是一個限制，譬如聽力有限，會聽錯或聽不到，眼力也一樣，會看錯且看不到；更嚴重的是我們的心會起執著，執著的可怕在把標準定在自己，且責求別人合乎自己的標準，如此等同把別人判死。他打從心坎裡面拒絕你，認為你不行，而平反無門；人間做兒子最大的悲哀就是爸爸媽媽把他判死，覺得他這個人無可救藥；學生最大的傷感就是老師把他判死，老師拒絕你、不要你這個學生！這很可怕！心有時候是上帝，有時候是魔鬼，愛一個人時是上帝，討厭一個人時是魔鬼，人的心會變成魔鬼，你會記恨別人，不給對方機會，永遠把他判死，所以心知是一個災難。

莊子要我們無心，這個無心會把危機解除，我無心我的心就可以達人心，我的心跟他的心為什麼不能達？因為我的心跟他的心是心心相對，不是心心相應，心心相互對立，相「對」而立就不能「達」，因為你永遠在他的外面。你無心之後就可以跟他同在同行；你有心的話，就永遠在他的外面。他發表一套宣言，你也發表一套宣言，他有他的宗教信仰，你也有你的宗教信仰，所以兩個人的心就這樣對立僵持，叫未達人心；我忘了我的宗教信仰，我就可以融入對方的宗教信仰，這叫達人心；達人心就不會是災人，不會在不同教派間互相成為災人。媽媽要拜土地公，你不要說她迷信，因為她是媽媽，媽媽要拜天公我就拜，因為我是她的兒子，所以她拜什麼我就拜，我毫無堅持，我無心就達人心，我跟媽媽的心就貼在一起了；假如我很有心，那我的心就在她的心之外，就會成為災人，因為你的心執著你的對，把她比下去了。

莊子從「無聽之以心」，來規定「聽之以氣」，所以聽之以氣就是無心，無心的人就跟別人有感應，我們跟別人無感應，那就是你的心拒人於千里之外，你故意跟他冷漠疏離，你在他的外面，那你們兩個人的氣就不能感應。所以我虛了以後，我無心之後，我的氣就可以感應了，這就是達人氣，達人氣就不會轉為益多了。所以是如何「待物」的問題，而不是要逃避或解開，我把它解開，把心有千千結解開；我逃開，我不要世界，我不要感情，世界讓我複雜，而感情帶給我煩惱，什麼都不要了。那可不行！因為會一無所有！

以「無」的修養生出「有」的美好

用虛待物，〈養生主〉也講「無厚入有間」。人間世界像一頭牛，人要過一生就像解牛，牛體有很多筋骨交結的地方，你那把刀很難通過，但又非通過不可，那你怎麼辦？牛體的結構總會有空隙，讓你這把刀沒有厚度，就可以解開牛體骨肉相結的地方。你無厚，而牠有間，有間是有空隙，人間的關係世界看起來像一頭牛的結構，筋骨交結很難通過，那是因為我有心。你有心、有氣，很難通過，我現在沒有了，我這把刀沒有厚度，任何地方都可以通過，刀一通過，牛體就解開了，解開就是「虛而待物者也」！「虛」是不擇地不擇事都安，問題在自己要沒有厚度，讓你生命之刀沒有厚度，讓你精神之刀沒有厚度，人際關係的很多心結，工商業社會的很多困結，只要你無心，沒有厚度是可以解開通過的，這叫「虛而待物者也」！

虛而待物，這個「物」，不光是自然物，還有社會人，你一虛就可以達，達就是「同體流行」、「一氣之化」，彼此體貼，相互感應；大家體貼，大家感應，這叫「善緣」；夫妻、同事、朋友的體貼、感應是善緣，兩黨的政治也是，海峽兩岸也是。達是貼合同體，不在外面，沒有壓力，也沒有負擔，隨時可以安，任何事情都可以安；所以儘管人活在人間世界，但沒有人間世界的煩惱，沒有人間世界的苦痛，沒有人間世界的複雜，沒有人間世界的負累。

問題是你要心齋，從用耳朵聽，進到用心聽；再從用心聽，進到連心都放開，用無心聽。無心就是虛，就釋放「氣」。氣的虛如同道的無，虛無就是無了自己，沒有自己的立場，沒有自己的觀點。因為我們的心會起執著，會去批判別人，去抗拒別人，現在我把這個心無掉了，先生沒有主觀的心，馬上看到太太，太太沒有主觀的心，馬上欣賞先生；先生有自己的心，就看太太不順眼，太太有自己的心，就感應不了先生的氣。心放不下，氣也感不應，氣的感應要靠心的放下，所以要無心，以「虛」來待物。心一虛，而氣得到釋放。

「待」物等於「生」物，看起來好像我對他，事實上不是，你跟他在一起，兩個人一起生，什麼叫好夫妻？一起生，什麼叫好朋友？一起生。所謂一起生就是一起逍遙，一起齊物論，良人加上佳人，有如神仙般自在，這樣的「待」，不是「對」待的意思，是「生成」的意思。最好的人際關係是生他，爸爸生兒子，老師生學生，這個最容易了解，但是有沒有想到長官生部屬，朋友生朋友，先生生太太，太太生先生，因為你看到他的好，照現全新的他，不是生他嗎？所以「虛而待物」是「虛而生物」的意思，而且「生」是從「救」說，我們生他等於是救他，宗教要救人，也要生人。哲學講到最高也是要生人，又要救人，先生以「無」的智慧去救太太，太太以「無」的修養去救先生，互相看到對方，互相欣賞對方，那樣就達人心、達人氣。所以人間世界看起來是人跟人構成的關係世界，好像充滿了誤解跟衝突，有時會由對抗走向決裂，倘若通過心的修行，無掉執著與造作，你就沒有負擔、沒有壓力，避開對抗、避開決裂，反而能夠「達」，心也達，氣也達。心的達叫體貼，氣的達叫感應；大家沒有自己，大家生對方，我沒有自己，把你生出來，你沒有自己，也把我生出來，這樣可以說是活生生的社會，活生生的人間世。

◉神木無用

李遠哲先生曾在溪頭舉辦的暑期科學營中，對參與的中學教師與青年學生，詮釋自身教改的理念，是試圖將每一個人帶上來，沒有人會如後半段學生般被遺棄，就算是能力再差的人，也可以找到適合自己的學習方式，也總有一天會學得一身技藝，用以回饋社會。

他說起多年前帶領中研院團隊前往大雪山旅遊，有人大聲問道：「何以這棵大樹會成為神木？」引導的林務局人員卻低聲回應：「堅實好看的樹木，都被砍走；剩下有裂痕沒有人要的木頭，長久活下來就成了神木。」

李遠哲先生並做了引伸，最不成材的樹木，最後也可以成為被人膜拜的神木，所以最不成器的人，也可以有自己的可用之處。此一引喻，與莊子「無用之用，是為大用」的人生智慧，頗為神似。

《莊子．人間世》有一段寓言，工匠頭子帶領眾弟子上山物色木材，看到一棵神社的櫪樹，樹蔭可以遮蔽幾千頭的牛隻，樹幹有百人合圍那麼大，且越過山頭十仞那麼高，可以用來做扁舟的樹枝，以十作單位來計數，引來遊客圍觀，有如鬧市。唯獨工匠頭子一往前行，沒有回頭看，眾弟子大開眼界，看得不亦樂乎！快步趕上來，不解請教：「自從追隨師父以來，從未看到如此美材大樹，師父卻看都不看，腳步不作停留，到底是為了什麼？」師父答道：「那是棵沒用的散木，做船會沉，做棺木會腐朽，做梁柱會生蠹蟲，就因為它無所可用，才會長得如此高壽！」

未料夜晚，櫪樹即前來托夢抗議：「你難道要我做棵引來世俗傷害自己的甜美果樹嗎？果實成熟時，樹枝就被拉扯斷折，都是自家材用引來的苦難，而且長久以來，我內斂涵藏，讓自己顯得無用，才得以避開柴刀斧頭的傷害，倘若我一路走來，老凸顯美材器用，我還能長得如此之大嗎？我看你老兄才是沒用的散人，怎麼能了解我這棵修來的散木呢？」

工匠頭子隔天醒來，跟眾弟子解夢，弟子問說：「它既然隱藏自身，往無用修行，為什麼還不甘寂寞，寄身神社呢？」師父急忙回答：「通通給我閉嘴，人家是寄身神社，讓不了解的人來詬罵自己罷了，就算是不寄身神社，難道就會被砍伐嗎？」

原來神木的無用，不是現狀的描述，而是修養的工夫，「無」當動詞用，無掉世俗的用，才得以成全神聖的用，無掉人為的用，才得以回歸自然的用，無掉人間流行的用，才得以保有自家理想的用，無用之用，才是生命本身的大用。

教改的理念，在打破升學主義分數主義的格套陷阱；而人生的理路，在走離功利主義實用主義的淺薄勢利，如是，教育本身的理想與生命本身的價值，才得以生發顯現。神木本在無用，可不是天上掉下來的奇蹟，而是人間修出來的正果。

鄭靖凡/攝

人間世界的許多困結，
只要你無心，
任何事都能解開通過，
虛而待物，隨時可安。

德充符——天生的桎梏

「德」充於內，再符應於外，這樣在與人相處時才不會出問題。顯發我們的心靈，保有天真，讓我們的心更大，可以包容別人。所以每一個人要「善刀而藏之」，把自己的鋒銳收起來，不會因為自身的精采亮麗，而迫使別人黯然神傷。

做人是「命」，做國民是「義」

《莊子》第五篇〈德充符〉，順承前一講〈人間世〉而來，人間世界有兩個大戒，指兩大關卡，我們要過關而不被卡住。在〈德充符〉的「符」是「符應」之意，古時的兵符被剖成二半；「將在外，君令有所不受」，若君王有所指令，但路途遙遠，要如何確認指令來自君王，只能以君王持有的一半兵符及邊將持有的一半兵符對看，符合方能確認。就如同我們講的契合，契合來自契約，兩邊各持有一半，雙方的約定要兩契相合，簽約也要雙方蓋章，各持一份，依約而行，就叫契合或符應。

人生的兩個大問題，其一就是「我」自己的問題，另一個是我跟別人的問題。每個人都有心也有形，每個人都是人物，只要是人就有人心，「一受其成形」，人心就落在每個人的物中。但這個世界不只是一個「我」，而是有很多「我」，於是除了「我」的問題，還有我跟社會、跟世界、跟天下人的問題。人生就是「我」的心落在「我」的物；大家都是人物，但每個人都不同，這就是命，這麼多不同的人要在一起生活，這叫緣。在人世間，我對自己是否滿意，我如何對自己，這是我自己的問題，但我們往往給自己很多難題，跟自己過不去，給自己壓力，不喜歡自己，老是喜歡別人。

再談第二個問題，是我跟別人在一起的問題。天下很多人在一起會互相比較，「我」

實在是活得還不錯，但一比較之下就覺得自己很差，這叫相形失色。在〈人間世〉，我自己的問題，莊子稱之為「命」也；我跟天下人的問題，莊子稱之為「義」也。「命」是不可解，而「義」是無所逃。「無所逃」就是我們活在天地之間，一定要面對人間的義。做為一個人，一定是父母的兒女，一定愛父母，故子之愛親是命，「命」是父子關係。我們除了為人子女之外，在人間世是社會的一份子，總說是人家的臣下，所以「義」是君臣關係。「君」在今日的解釋可以是國家，我們沒有人可以逃離台灣社會，這是「義」，是我們逃不掉的，不管到了哪裡，也一樣心繫台灣鄉土，這叫無所逃。

所以說，人生兩大問題：其一我是人，其二我是天下人。我們是以人的身分活在這個世界上，不是花草樹木、山河大地、鳥獸蟲魚；人活在世上，要有人的身段，要有美感，站在人間世界要挺立自我，要有尊嚴；因為人是萬物之靈。「我」是一個人，這是「命」的問題；「我」是天下人，「我」是以人的身分活在台灣的社會、台灣的土地上，而我們要把人活出來，把台灣活出來，活得有尊嚴有榮耀，這就是「義」的問題。

不僅是專「家」，且是「教」化

我之前到日本，回來之後的幾天裡，夜晚夢裡彷彿還在日本，這是我從來不曾有過的；同一年稍早我從昆明回來，就沒有這種壓力，香港多次往返也沒有這種觸動，韓國去了兩次，也沒有這種感覺。日本、香港、昆明、韓國，我都只停留一週。我並不是喜歡日本，而是承受著某種壓力；一樣是東方文化，一樣是儒家文化，一樣是老莊，一樣是禪宗，日本人一樣研究宋朱子學、明陽明學、清朝實學，溯自幕府時代到還政於天皇，日本儒學老是跟著我們走，但為什麼日本做得比我們好？日本教授問我：「王教授，你對日本的觀感如何？」他們習慣於優越，他們喜歡世界第一。我平淡地回了一句：「很好啊！」我的意思是我玩得很好，我才不願在日本說你們比我們強；但是，在回國的路程上，我頗覺感傷，為什麼人家比我們做得好？這又是無所逃於天地之間。

到日本是參加日本全國道家年會，我被邀請去做主題演講。一是人對人演講，二是華人對日本人演講。我講得讓他們似懂非懂，用意是希望他們了解中華文化的學問不是那麼容易就懂的，這樣他們才會心存敬意；而我在國內演講，就要讓台下的聽眾聽懂，這是立場問題。但是我們要承認一點，人家確實做得比我們好，我們講道家，他們講道教，我們講儒家，他們講儒教。「家」是學者研究的學問，「教」是化成每個人的教化，日本超過我們是因為他們是「教」，這是我在日本最大的發現。在日本，儒家不是思想而是生活，每一家的先生、太太、兒女都講教養，而我們的儒家卻是在大學、研究所裡講的學問。「家」沒有轉化成「教」，就好像專講理論而沒有用心去實踐、去應用，這樣一來，生命力發不出來。要尋找台灣的生命力，往何處找呢？儒家、道家的思想是發動者，但要經過「教」，才能跟整個社會、家庭結合，跟每個公司、工廠結合，如此才會把原來的哲學、思想，消化而為智慧，通過「教」而化為力量，這就叫教化。故宗教的教當該是教化的意思。

心很大，物很小

這一趟日本行，讓我感觸良多，一到日本我就相當強烈地自覺到國家認同；在台灣並不覺得，因為都是自己的同胞，沒什麼好比的，我不認為自己比別人差，我也不想把別人比下去。人間來也人間去，實在是沒什麼分別，我們只要用關懷的眼神看身邊的人就好；我們可以很安心，這是我們的鄉土、我們的國度。

但是我們一離開國門，到另外一個國度，我們就不只是一個人，而是一個外國人，不論對方說什麼都要透過翻譯，所以此次停留日本期間，一直有個學生（連清吉教授）陪在身邊，我演講時用中文，而他立即翻為日語，這是人跟人之間的交會問題。剛才提到人的兩個問題：一個是我們天生是人家的兒女，我們一生愛我們的父母，這個是命，是與生俱來就決定的，「子之愛親，命也，不可解於心」，這是解不開的。

另一個問題是「我」是人，且跟很多人在一起，跟天下人在一起，這叫人間，人間就是人跟人之間。所以，我們永遠被提醒人是萬物之靈，這是人的尊嚴，人的價值感。第一個問題：人是有心人；第二個問題：我們是人物。由心來說，我們有好大的心，我們的愛心無窮，願望無窮，我們的心大到可以把全世界放在心裡；我們眼睛閉起來想地球，全地球就在我們的思想、心靈裡顯現。所以，我們的心大到可以包容整個宇宙。但是，我們不要忘記，我們只是「我」，人的「心」很大，但人的「物」很小。我們要知道人是有「物」的人，所以人應該要謙虛。人有「物」的話，就會有物欲，人的「物」是代表人的有限性。因此莊子要我們「即物以遊心」，就「物」的有限，而活出「心」的無限。

無限的心落在有限的物，這叫「吾生也有涯」。有涯指的是物，所以我們了解到，做為一個人物，我們要謙卑。各色人等，各行各業，各方面的人才，「八方風雨會中州」，這個世界是個人文薈萃之地，每個人才從每個家庭出來，從每個學校出來，從社會的每個角落出來；這當然很可欣賞，而且值得尊敬，但競爭也很激烈，這就是人間的複雜。所以莊子要我們「託不得已以養中」，「中」是沖虛，寄身在複雜的人間世，你又不能讓它的變動停下來，只好修養自己的「心」，「心」靈虛靜，人世間就不會那麼複雜了。

德充於內而符應於外

講〈德充符〉重點要放在哪裡？以我自己來講，要求德充於內，不要往「物」欲與形氣發展，否則會氣人、傷人。我們的心愈大，可以包容人我的不同與競爭，人際關係愈好，這叫德充於內。我們都由兩部分組成，一個是心，一個是形；心是德，形是氣，我們要往心的德發展，不要往形的氣發展。德充於內，德的天真讓自己虛靜的心照現出來，不要讓形氣物欲一直冒出來。這是人生修養的問題，修養就是讓心出來，不要讓氣出來。才氣要儘量涵藏，在道家來說，才氣要內斂，因為才氣太強太盛的話，會壓迫別人。你考一百分，人家考五十分，那你就得罪那個考五十分的同學。我們千萬不要認為自己比別人好是天縱英明，還存有優越感，看不起別人。人生道理正好相反，我們搶別人的光采要深感抱歉。

就道家來說，才氣不要太凸顯，才氣是命，天生不同。你才高氣盛代表你天生命好而已，你並沒有比別人高貴；雖然我只考五十分，但我比較有愛心，你考一百分，但你很驕傲，這有什麼好！所以，人間要用德來比賽，而不是才情氣魄。物形是指外貌的美醜，相命是看形相、論外表，誰長得好看，誰就命好。但這是天生決定，用不著比。才氣也是天生的，有的人頭腦很好，數學看一下就會，有的人算了好幾回還不會。我們就不要在這方面比，應該在德行方面來比，就叫德充於內。讓德性顯發出來，開發我們的心靈，讓我們的心更大，包容別人，而讓我們的才氣內斂涵藏。才氣就像一把名劍，會發出劍氣。一個很有才氣的人，就好像把劍拔出來亮相，把別人的才氣、形象比下去，這樣的人會流露劍一般的銳氣，發出劍氣壓迫別人。所以每一個人要「善刀而藏之」，把自己的鋒銳收起來，把自己的才氣、形象的精采亮麗，儘量地收斂，這樣才不會神采飛揚或氣勢昂揚，而迫使別人黯然神傷。

每個人都有心也有物，我們跟許多人在一起，彼此面對要互相諒解。老師會發脾氣，父母也會生氣，最好的朋友會鬥氣，先生、太太間也會互相賭氣，人生就是這個樣子，我們畢竟不是天使，我們是人物，我們的形物中有生命之氣，故人物比人氣，既然是氣，總是會露出來，我們需要互相包容與同情。人生在世，我們一定要對我們的朋友及家人有份同情之心，以佛家語來說即為慈悲。人是心與物碰在一起，心要去同情、諒解及包容物；我們方才提到人生的修養是要把氣修掉，心的寬容就可以養出來，這個心就是德充於內。德充於內，天真無心跟人相處，就可以符應於外，而沒有隔閡。

這不只是悲憫、同情，還可進一步去欣賞，譬如我們看到嬰孩可愛，是看到他的天真、他的眼神；我們覺得某人很溫暖，給我們安全感，這一切都是透過他的形物給出的印象。故符應於外的是形氣相互契合，而彼此感應是達人氣；情投意合，志同道合，可以達人心。故我們儘量「德」充於內，再符應於外，這樣在與人相處時，不僅不出問題，而且會有美感。很多人活在這個世界，心相符，氣相契；符是符應，契是契合，既達人心，又達人氣。

人的成長歷程，在道家看來，是往外漂流沉落的過程，長大成人的代價是失落了童年的天真。何以會失落，心執著，氣造作，心不符，氣不應，走向奔競爭逐。所以德充於內，意謂不流落於外，而保有天生本真。越是天真的人，越可以符應於外，孩童扮家家酒，可以兩小無猜，一體無間，沒有猜疑，沒有嫌棄，沒有勢利眼，沒有英雄氣，人與人相處就可以契合符應了。

活在神射手的靶心裡

〈德充符〉裡好幾段寓言，主角都是形體殘缺的人物，寄寓的道理在內斂涵藏的修養，他們德充於內就可以符應於外，贏得大家的尊敬。在兵凶戰危的亂世，在人心險惡的人間，人要如何存全自己，且跟每個人和諧的活在一起。首先是對抗權貴的申徒嘉，申徒嘉是個兀者，兀者是少了一隻腳。肢體殘缺是道家修養工夫的象徵，「上德不德」，是不以德為德，把德化掉，反而有人格的魅力，所以說「是以有德」。有德是德充於內，有德的人才可以符應於外。莊子要破解以相論命的觀念，人生不是比形象、比才情，不是比誰長得青春、美麗？誰長得英俊、瀟灑？若是比青春貌美，則人生很可悲。因為人生最好的階段在十五歲到二十五歲，真正青春、亮麗、英挺、瀟灑，只有這十年。前面是童少天真，二十五歲以後，人生就像盛開的花朵逐漸枯萎，最美好的日子過去就沒了，問題在人生到了年老還要活出自在美好。

所以莊子要以故事告訴我們，人生的價值不在「形」，而在「心」、在「德」，故事裡的男主角都是肢體殘缺的人。申徒嘉是兀者，跟鄭國子產是同學，他們的老師叫伯昏無人。「伯」是指年紀大，「昏」是指沒分別，「無人」是說他在人間不凸顯自己，沒有比誰高比誰強，故名「伯昏無人」。有一回，子產跟申徒嘉說：「以後可不可以我坐的時候，你不要隨著我坐，我走的時候，你不要跟著我走，怎麼你老是跟我同進同出呢？」子產是政治家，官居相位，他會這樣說，代表他看不起人，所以申徒嘉就很感傷的說：「原本人家都瞧不起我，到了老師的門下，我才知道我不必羞愧，因為老師從來不用我的殘缺來看我，他一直把我當做是健全的人；沒想到你我同學，你怎麼用老師不願用來看我的那一套來看我呢？那你還算是老師的門下嗎？」子產聽了深感慚愧，趕快跟他道歉，整個故事就此簡單結束。

此中申徒嘉講出「人生每個人都活在羿之彀中」的話。申徒嘉為何少了一隻腳，羿是神射手，彀是靶心，我們每個人都活在靶心裡，又面對百發百中神射手的射擊，那等同活在必中之地，「中央者中地也」，一定會被射中，一定非死即傷，這是人生的存在處境。人活在世界上，或者炒房地產、飆股票慘賠輸掉，或者創業的機運落於人後，或者身世背景比不上別人。各個領域皆帶出比較，就讓我們承受多重的傷害。我們很難擺脫名跟利的牽引，這是來自人性的弱點，人家比我們有名，我們就被射中，因為名氣輸人、排行榜也輸人；人家比我們有才情，我們輸給他；人家比我們長相好，我們也輸給他；這些都是挫折，造成許多傷心人。活在人間的必中之地，來解釋人生的處境，這是「知不可奈何」，而受傷卻是必然的，逃不掉的。

通過伯昏無人的教導，申徒嘉能安之若命，把人生的無可奈何，當做是天生的命，我相信申徒嘉少了那隻腳是被砍掉的，在政爭中被砍掉，或在冤案裡被砍掉，走在街頭就是必中之地，受傷的人做錯了什麼嗎？都會夜生活當然是必中之地，更遑論官商界線不明，黑白兩道混而不分，世界如此錯綜複雜，這就叫「中央者中地也」。我們要求治安與交通要上軌道要有理序，是有道理的，不然台灣社會會變成申徒嘉所說的「羿之彀中」，酒駕吸毒出車禍，流彈街頭傷人，惡徒搶劫勒索，連小朋友都不放過，這算什麼社會？我們真的活在神射手的靶心裡，一定會被射中，故申徒嘉只能無奈接受種種不幸，說安之若命，就好像他天生本來就少了一條腿。

子產多了一條腿

申徒嘉好不容易忘掉形體的殘缺，沒想到子產的一番話，又把他已放下的殘缺，給逼了回來，讓申徒嘉感傷不已。同樣是伯昏無人的弟子，申徒嘉能忘掉自身形體的不全，而子產是個政治權貴，他就不願意跟申徒嘉同進同出，同起同坐，反而諷刺申徒嘉不要忘了自己是個殘缺的人，故申徒嘉說：「然而不中者，命也！」申徒嘉的語氣含有批判的意味，不被射中的人活像多了一條腿，算他命大。因為少一隻腳才正常，他反問子產你閣下為何多出了一條腿？是付出怎麼樣的代價才會多了那一條腿？這樣的反問相當犀利。為什麼我們要符應於外，因為一者不會讓自己受傷而少掉了一條腿，二者也不會反過來問別人怎麼會多了一條腿。

道家的反省就是先告訴我們，人間世界是會傷人的，因為每個人都在射箭，射箭即惡性競爭，故名利圈權力場的爭逐奔競，就是必中之地。自古以來會有多人選擇隱居，從十字街頭逃出來，逃回鄉土田園，就因中央者中地也，是萬箭齊射，人人都會受傷的地方。有哪個人沒被射中，算他運氣。人間社會太多的傷心人，德不充於內而形之於外，形於外就是跟別人比，恃才傲物像劍氣一樣，劍氣散發鋒銳之氣，劍氣瀰漫極具殺傷力。每個人都形於外，無異刀劍在街頭亂舞，就是〈齊物論〉所說「與物相刃相靡」，親人朋友同學同事，互相把對方砍倒。

我手上戴的錶是去中山科學院演講時送的禮物，我覺得很好很素樸，一個二百五；人家的二十萬叫滿天星，就是形之於外、耀武揚威。凡是把自己最精采亮麗展現於外，如家裡很有錢，爸爸很有名，才能傑出……，等於在射箭；箭一射出，身邊人人受傷。不說別的，太太忙著做家事，先生在客廳聽歌，那就得罪了太太，太太會認為我這麼忙，你卻那麼有情調，最好是陪她一起忙。假定是我的話，我會趕快到書房讀書跟寫文章，因為我也在工作，太太心情會比較好一點。所以一個人的歡喜或得意，就像射箭般也會傷到別人，你在高唱一曲，也許別人正處在感傷的時刻，此時的你就如同神射手，不要忘記你的家人、你的朋友就在靶心中，想逃都逃不掉。家庭也是必中之地，夫妻處不好，父子處不好，兩性兩代一起受傷；這個社會，工作團隊互相射箭，政治團體互相殺傷，國會各黨團之間也是如此，所以莊子要說中央者中地也。人為萬物之靈，為何要讓人間社會成為戰場呢？

在伯昏無人的眼中不會看到申徒嘉少一條腿，而鄭子產偏要讓申徒嘉忘不了他少了一條腿、是殘缺的人。於是申徒嘉反過來問，你鄭子產何以會多出一條腿？莊子對人生的思考很深入、很隱微，他對千古以來所有受苦受難的人給出同情。到處是中地，這人間世沒有一個人不受傷，安之若命吧！就當做媽媽生我時少了一條腿，把在人間世所受的傷，像媽媽生我時本來就如此，就安了吧！故德形於外，就是在射箭，就發出劍氣，會讓我們的朋友、家人受傷，會讓他們覺得自己不完整，或者有少一條腿的感受，就算原來健全的人，也會在被比下去時，自覺生命殘缺。

沒有商業頭腦，故沒有投資房地產及炒作股票，所以這些人就變成輸家，輸家就等於少一條腿，總覺得輸給那些房地產大亨及股票大戶，他們什麼都有，而我們都沒有。德充於內就是不形之於外，因為形之於外，就是射箭，一定會有人受傷。符應於外就不會有比較心，也不會患得患失，沒有挫折，也不會有少了一條腿的殘缺感。

天生的枷鎖無須解開

我們再看叔山無趾的故事。叔山可能是指他出生的地方，他沒有腳趾，莊子沒說他是天生如此，還是被砍斷的。他踵見仲尼，人有腳趾的話，可以腳步輕盈、快步前進，他沒有腳趾，以腳踵走路去見仲尼。孔子看見叔山無趾的窘狀，就說了：「你看，你一定是自己不小心，不然怎麼會這樣子？你現在來不是太晚了嗎？」語氣充滿了悲憫。孔子是聖人，他彷彿在告訴叔山無趾，若你早一點來看我，或許就不會受此傷痛。叔山無趾無奈的回答：「我以前不識時務，不曉得人間這麼複雜，過於率性衝了出去，因而失去腳趾。但是我今天來，是用比我的腳趾還尊貴的心來看你，你怎麼還透過腳趾來看我呢？」他顯然對孔子很不滿，他不遠千里以腳踵走路來見孔子，是因為他覺得孔子是有修養有智慧的人，他自己也是懂得人間艱苦的人。他希望能得到孔子的教導，撫慰他受傷的生命，沒料到孔子卻仍以腳趾的殘缺來衡量他，心中感到不平而抗議。他說他把孔子看做天地，而天地可以包容每個人，沒想到孔子的門沒有為他而開，反而擋在門口問他為何失去腳趾？

孔子聽到了他的怨怒難平，趕忙道歉，實則孔子只是同情不捨，但是對一個被砍掉腳趾的人，他覺得今天是以德的身分來，孔子當該看到他的「心」，怎麼孔子還在看他的腳趾，所以難過而嚴重抗議。孔子說他自己失言，因孔子不知道他多年修行已是有道之士，以為他是剛在人間受傷的人，所以給出一種悲憫；但實際上叔山無趾儘管腳趾被砍斷，他修行有成，已經忘掉他的腳趾，他只想找一個很有修養的人，去做心靈的對話。沒想到他修養了這麼多年去看孔子，孔子一眼就看到他殘缺的腳，怎麼不叫他傷感？孔子感慨的告訴眾弟子：「叔山無趾一個受傷的人都在修補他的德，何況我們呢？」

叔山無趾拂袖而去，轉而去看老聃：「孔子這個人不行，我去拜訪他，結果他還在看我的腳趾。」老聃就說：「那好啊，那我們是不是一起來救孔子呢？孔子似乎還有『可不可』的分別，還有『死生』的界線，我們讓他把『可不可』及『死生』的執著放開吧？」整個情勢突然變了，本來叔山無趾是要去投靠孔子，因為他以為孔子像天地，可以包容他，沒想到一見面，孔子就問他：「你怎麼會失去了腳趾？」他覺得沒得到孔子的肯定，轉而尋求老聃的支持，並進而質問道：「孔子修行還沒到家吧，怎麼名氣會那麼大？」老聃說好，那我們一起來救他吧！叔山無趾回了一句話：「恐怕不行吧！天刑之，安可解？」孔子是儒家，因為我們在人間就是在「可」跟「不可」中奮鬥，儒家要救人就是把人從「死」地救回「生」路，道家則是把死、生看破，把可、不可看開，就不必有人間的對抗決裂。儒家在人間奮鬥，故孔子要周遊列國，要教化人間；在道家來看，說孔子個人是「天刑之」，彷彿他天生背負救人的十字架，儒家要救人是儒家的刑，是天加在儒者身上的桎梏。在老聃說我們來救孔子的邀請之下，無趾頓時有一番生命的體悟，所以無趾說這是老天加給孔子的使命，而使命如同桎梏、枷鎖。

外王是天刑又何須解

我從日本回來的另一個感觸是，日本的知識份子不大背負天下的十字架，他們只是認真做學問，包括大學教授也是如此；不像台灣的教授，每個人都懷抱治國平天下的重任，是相當特別的文化傳統。所以「天刑之，安可解」，這句話可以用在所有過去的讀

讓天下人嚇壞了，但是為什麼他會同時吸引天下的男男女女呢？魯哀公跟他作朋友，一年以後就很想請他當宰相，結果他沒正面回應，沒說好也沒說不好；魯哀公覺得是不是請他當宰相太對不起他，就很有氣度的說那你來當君王好了，結果那個人就走了。那個人到底是怎麼樣的人，怎麼會有這樣的魅力，讓君王信任且願意把君位讓給他。魯哀公請教孔子：「他到底是怎麼樣的人？」孔子給出一個道理說：「這個人才全而德不形。」所謂〈德充符〉，主要的理論就是「才全而德不形」。「才」是「草木始生」，說的是人的天生本真。

一般人都是「才」不全，因為我們的童心、天真、浪漫、想像力都沒有了。為什麼孩子才會扮家家酒，大人就扮不起來，假定我們能以扮家家酒的心情走入政黨政治，台灣的整個政治場景一定為之改觀。人間的問題太多，是否就是因為我們失落了浪漫的情懷與天真的心境？使得這個世界每個人都像是在射箭，而每個人都被射中。孔子解釋什麼叫才全。人生的問題：死生、存亡、寒暑、賢不肖，這是命之行；窮達、饑渴、毀譽、貧富，這是事之變；一個是氣命的流行，一個是人事的變遷，前者是天生的自然，後者就是人為的造作。人生在世，氣命的流行，不可解，人事的變遷，無所逃，這兩大難關每一個人要面對，也都要通過。莊子說：「惟有德者能之。」有德者，就是無心天真的人，德不形於外，不引發對抗，反而可以保住天真，那就是「才全而德不形」。原來，德不形於外的人，才可以保住自己的天真。

生命的季節永遠是春天

不要讓賢不肖、死生、窮達、毀譽干擾我們的靈府。這些價值二分每天都出現在我們生命的周遭，人事在變遷，氣命在流行，我們所能做的僅是「不可入於靈府」，就是不要讓這些變遷流行來干擾我們的心。每天我們還是要去面對經濟是否景氣、股票漲不漲的問題，雖然很多人不買股票，但是我們全部落在台灣的經濟圈，台灣經濟不好，我們就不好，所以不買股票的人也要面對股票漲跌的問題，但不要讓這些干擾我們的心。心不受干擾時，就可以保持「虛」的狀態，而保有心的靈動。否則的話，心就被賢不肖、毀譽、死生、窮達、貧富的執著二分塞滿，就會承受很多的壓力，面對很多的內在衝突。只要是在人間做人，就會有這些人事變遷的問題存在。

但是我們要做的是不要讓這些成為心理的負擔，心就會比較平靜，心虛則能和，「和豫通」，「通」乃流通之意，「豫」是愉悅，即忘掉做為一個人的煩惱，消解人跟人之間的衝突；無名就無刑，心就可以回到沖虛的狀態。這個「虛」看起來什麼都沒有，而任何美好的「有」又是從它而來，我們稱之為虛靈。心之所以「靈」，因為它是虛的。心的虛靈就可以維持和諧，儘管每天都有問題存在，但每天都可以很平靜、很愉悅地面對，且跟別人都能處得來，那是因為我們保持天真的心境、童年的爛漫。儘管我們要面對做人的艱苦，面對人間的困頓，但是仍能保有童年時扮家家酒那樣的心情，平靜且充滿愉悅，跟別人可以生命流通，這就是所謂的「才全」。

人間逃不開這個問題，面對人世變遷的複雜，氣命流行的限定，做人真是充滿困擾，但是我們不要把艱苦及複雜帶到我們的心，成為生命的負累。人會老是因為我們心也老，「其形化，其心與之然」，心隨形的化而化，年歲老去，心也跟著老去。心若能保持虛靈，虛靈則可以平靜而和諧。心平靜則不論何時都會有笑容，每個人都會很喜歡跟你在一起，因為他們都能感受到你的喜悅，也會覺得生命可以流通歡暢。人生千萬不要讓苦在我們的眼神顯現，一定要想法子把苦化掉，否則的話，我們自己受不了，且「才」也保不住，天真浪漫就消失了。每天顯現得很悲苦，連我們的家人朋友都受不了，沒有人可以一直在苦中活下去，事實上苦中也可以活出樂來。

別把自己的心賠進去

孔子有言：「樂以忘憂。」人生誰不憂？但我們要在憂中也可以活出樂來。誰沒有責任？誰不艱苦？我們有責任、有艱苦，但請不要說別人對不起我們，每天都把悲傷、痛苦展現給親人朋友看，彷彿在執行一種制裁，有時自己很受傷也把別人逼走了。如何讓自己「和豫通」，不讓那些艱難困苦進入我們的心中，心才不會背負那麼沉重的壓力，那麼受不了的苦痛。保持喜悅和諧的心，生命就能跟萬物流通。

「與物為春」，與物相處每天都是春天，在生命的季節裡沒有冬天，春天是充滿了生機、情趣跟活力，要如何做到跟物在一起都像是春天一般的氣象呢？「是接而生時乎心者也」，「接」是與物接，「生時乎心」是與物接的時刻，我們的心生出春天來。縱使在寒冷的季節，只要我們的心有陽光的話，人間就會變得很溫暖。為什麼要讓我們的生命凍結冰封、下雪降霜呢？保有天真的「才全」，由人生的修養來，是我們做人的責任。在人間活下去，要面對種種問題，不要讓艱苦、困頓進入我們的心，如此心才能虛靜、空靈，跟別人在一起每天都是春天，每個時刻心都充滿了生機情趣。人生愈苦愈要講幽默的話，孩子讀書很苦、大人經營事業很苦，身已經夠苦，心怎麼可以再苦進去呢？所以一定要互相扶持，樂觀以對。爸爸可以跟兒子說：「我們快樂一點，考試很快就過去。」面對不景氣，我們也要有信心終會熬過去。人家不一定賞識我們，那無所謂，人生誰不面對這個問題？至少我們要投自己一票，給一個愉悅的心境，不要連心都賠進去。

不凸顯自己反而吸引更多的人

「才全」而「德不形」，心平靜如水，就如同「水停之盛」；「內保之而外不蕩也」，我們保有內心的平靜，不會被外在的名利所牽引，這叫德不形。心如止水，要像水平般的平靜，不會被外在之做人艱苦而人間複雜所動搖；看看新聞心就不平靜，走到街頭心也不平靜，內保有平靜的心境而外不隨人間百態社會萬象而擺盪。德不形就是不把自己的美好形之於外，不要讓自己的光采露出來，如此才不會傷人。「德不形者，物不能離也。」為什麼哀駘它有驚人的吸引力，因為他是個德不形的人，德不形的人每個人都不能離開他，因為每個人在人間爭逐奔競，好像什麼都沒有，一到哀駘它身邊，就會發現自己本來什麼都有。一個在學校是後段班，在社會是挫敗者，不論在哪個場合都是失意落魄的人，在哀駘它身邊的話，他不用名利、才氣來看人，所以每個人都喜歡跟他在一起，因為每一個人都會覺得自己完整無缺。德不形的人沒有比較心，不會把別人比下去，跟其他人在一起會覺得自己殘缺，跟哀駘它在一起會覺得自己很完整，故「德不形者，物不能離也」。符應於外，則物不能離，我們喜歡跟德不形的人在一起，因為跟他在一起我們才能找回自己。「德充於內，不形之於外」，才能跟外面符應契合，對方喜歡跟我們在一起，因為跟我們在一起他會覺得自己很完整，覺得自己什麼都有。

這個社會上一定有某些甘草人物、某些領導人物，很多人喜歡跟著他，和他在一起，因為在他那裡受到肯定、受到賞識。德不形就是不把別人比下去，即不射箭的人會讓每一個人覺得他是「才全」。「才全」是在人間的驚濤駭浪中、世事滄桑中，仍能保全天真的心境。千萬不要因為輸給人家，在社會上不得意，就讓自己的心失去平靜，失掉了天真。這樣一來人活在人間世界，那兩大關卡就把我們卡住了，我們要想法子過關，保有天真，不失童心，且帶給身邊的人愉悅及美好，這叫德充符。

〈人間世〉告訴我們關卡在哪裡，〈德充符〉告訴我們如何過關。在人間世是人比人的，但是我不去比較，我讓自己德不形，所以反而吸引了很多人願意跟我走在一起。我天生的真可以保全，我跟別人相處可以很投緣、很相契、很符應，這樣一來，本來我的命不好，但是我可以保全自己的真就沒有不好；本來人際關係複雜，是壓力，但我們把它轉換為互相欣賞，大家做知心朋友，這樣生命的季節永遠是春天。所以，道家並不是消極，只是希望我們面對自己做為「人」的問題，面對活在「人間」的問題，要如何去轉化，把「不好」轉「好」，「才」可以保全，「德」不要形於外，不要壓迫別人，我們可以成為別人最好的朋友。〈德充符〉就是要告訴我們如何讓自己是個真人，也讓我們跟親人朋友相處的每一天都是春天。

◉誰能救孔子

《莊子・德充符》有一則「叔山無趾，踵見仲尼」的寓言故事。由於「道隱無名」，道家人物皆「自隱無名為務」，這一位來自叔山而腳趾被砍掉的人物，以腳踵走路，前來求見仲尼，或許是想為自己平反，盼望自己的涵養能得到孔子的肯定，以撫平內心的傷痛吧！

兩人一照面，孔子就充滿悲憫，且無限惋惜的說：「你不夠謹慎小心，一定犯了在位者的忌諱，才會被砍掉腳趾的吧！即使你今天辛苦來見我，不是已來不及挽回了嗎？」這本來是發自孔子內心的悲情痛感，正是儒者的本色。而對期求孔子重新給出評價的無趾來說，無異是傷痛重現，故抗聲說：「我昔日因不知淡泊自處，而把自身推上名利追逐的尖端，就此失去了我的腳趾。不過，我此番前來，是以多年沉潛而有，遠比腳趾尊貴的天生本德來見你。上天沒有不遮覆的，大地沒有不承載的，我以夫子為天地，怎麼夫子仍以世俗的眼光來責難我呢！」

無趾的無奈在於，我歷經多年的修行，難得把傷痕撫平，而以全新的面貌前來跟孔子會面。未料，孔子的同情話語，反而把多年前的難堪給逼回現前。我已忘懷了，你怎麼可以又把我看回來！那豈不是無所逃於天地之間了嗎？

孔子聽聞無趾的怨責，立即道歉：「這是我的淺陋，請先生進門，說說你的心得感受吧！」無趾拒絕，就此離去。孔子當機指點，告誡門弟子說：「大家要修德講學，無趾失去腳趾，猶勤行不輟，何況諸位形全的人呢！」

天下雖大，在儒聖孔子之外，無趾可以去投靠求教的，也只有道君老聃了。無趾見老聃，劈口說道：「我看孔子的德行，距離至人的境界還很遠吧！他怎麼老要跟你相提並論呢！他名氣那麼大，聲望那麼高，難道他還不知覺悟，聲名對至人人格來說，是自家生命的枷鎖嗎？」

老聃呼應答道：「那我們來救他吧！何不消解他對死生與是非的執著跟分別呢！這樣不就可以解開他心靈的桎梏嗎？」

情勢至此，堪稱奇峰突起，無趾是天涯傷心人，受不了孔子的疼惜，轉而尋求老聃的聲援，而老聃是一代宗師，看無趾對孔子的不滿之情溢於言表，故意說出激切的話語，既然你判定孔子如此之差，那我們一起來救他吧！此果真逼出了無趾的大徹大悟，意味深長的說了一句：「天刑之，安可解？」

孔子直道而行的一生，是任重道遠的大擔當，或許這就是生命的桎梏，不過這是與生俱來老天賦與的使命感，解不開也無須解啊！

「誰能救孔子」，無趾有此一悟，當下得救，立即解脫，撫平了他一生的生命傷痛！

莊子真是大文豪大哲人，這段寓言將孔丘、老聃與無趾同時推上智慧的高峰，且以無趾為橋樑，讓儒道兩家有一精采絕倫的和解，或許這樣，孔丘老聃在我們文化長流中，才能千古同步吧！

◉你怎會多了一隻腳

人生是人物走在人間，在出入進退之間，內心要有一把衡量是非的尺度，而守住人我互動的分寸。不論成敗得失，盡其在我，而各憑造化，別夾雜英雄氣或挫敗感於其間。不然的話，得意狂傲之氣，會傷了天下人的心；而挫折懊悔之情，則成了自家的痛。

《莊子．德充符》有一則寓言，說鄭子產與一位被砍斷一隻腳名叫申徒嘉的人，同拜在伯昏無人的門下，一起受教修習。

有一天，鄭子產刻意要跟申徒嘉劃清界線，說道：「請你暫坐片刻，我先離開；或者你要先走，那我暫做停留！」反正拒絕兩人同進同出。未料，隔天申徒嘉像沒事人般，依然故我，仍與執政平起平坐。這回，子產聲色俱厲的聲明：「我不是讓你做出選擇的嗎？你先走我暫停，或者我先走你稍坐；可以請你坐下稍等嗎？……你這個人看到執政，一點也不知避開，難道你跟執政分量等同嗎？」

申徒嘉回應說：「老師的門下，也有像你這樣傲慢的掌權者嗎？閣下未免太高估自己的權位，而看不起天下人了吧！……你既然前來老師門下求取智慧，還說出這般無禮的話語，不覺得自己太過分了嗎？」子產反擊說：「你不看看自己到底成什麼樣子，被砍斷一隻腳，還大言不慚，盡說跟堯舜比高下的話，我看你根本欠缺自我反省的能力！」

兩人話已說僵，同學之情已然不存，申徒嘉只好回歸人生的存在困境，做普遍性的省思，而說出適度的責難話語：「身處亂世，猶如置身在神射手后羿的靶心間，而那是必中之地；倘若有哪一個人可以倖免於難，那算他命大！吾人立身當世，承受人間政治權勢的迫害，那是無可奈何的事，既然逃不開，也就把它當做『命』來認了吧！想我一路走來，受盡人間鄙夷的眼光，到老師門下，我才把積存心頭的悲憤怨懟放了下來。我追隨老師十九年了，他的眼神中從未顯現我少了一隻腳的身影，怎麼你閣下跟我同窗多年，卻不知我的內在世界，而只從我的外表來評價我呢？你不覺得自身膚淺而欠缺深度嗎？」子產畢竟是一代賢人，當下深感不安，立即悔過道歉：「先生請不要再說了！」

子產雖賢，大權在握日久，官場習氣纏身，而以勢利眼看待同學。申徒嘉被砍斷一隻腳，不論何等緣由，總是生命的大挫折。假如人人都逃離不了名利權勢的網羅與傷害，那麼就會逼顯申徒嘉深藏心中不忍說出的一句話：不是我少了一隻腳，是你閣下多出了一隻腳！

吾人面對檯面上諸多意氣風發而睥睨當世的大人物，還是要為一生鬱卒的申徒嘉，問一句他心裡最想說的話：老兄！你怎麼會比我們多了一隻腳！

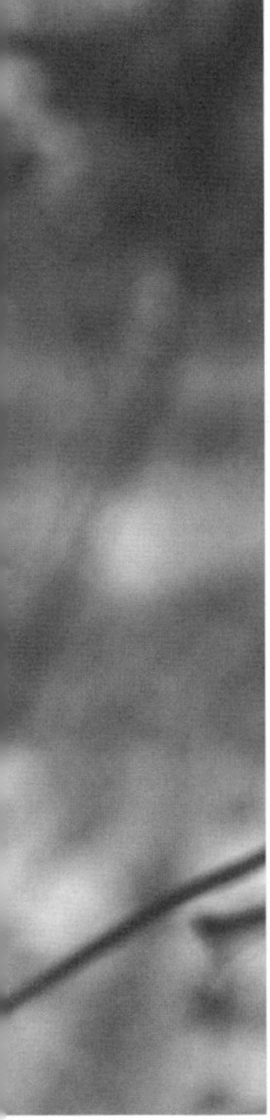

陳懿文／攝

不把別人比下去，
讓心虛靜、空靈，
生命的每一天都是春天，
每一刻都充滿了生機情趣。

大宗師——真人的修行

將逍遙遊由下而上的升越，與齊物論由上而下的觀照，統合而成一個圓，天人契合為一，就是「大宗師」。人無心無知無為，不執著造作就是「真人」，真人以天為宗以道為師，把「知」養到「不知」，體現天道的生命人格之大。

天人的契合為一

《莊子》第六篇〈大宗師〉，即「宗大道以為師」，宗是宗主，師是老師，即以大道為老師。另一解釋是既以「道」為師，就會去體現天道，所以「體現天道的人格之大」是為大宗師。為什麼有兩個解釋？因為莊子在此篇中講「真人」，講如何做「真人」？真人的人格是「大」，「大」又從何而來？因為他以宗主為師，可以做為萬物宗主的是天道，以天道為師，而體現天道的生命人格之大，這樣的真人人格就稱之為「大宗師」。

「大宗師」是莊子思想的第三綱維，追尋的是天人契合為一的理想境界，「逍遙遊」和「齊物論」，一個是往上升越，一個是往下觀照，由人間飛往天上，再由天上照現人間，一上一下間共成一個圓。大宗師就是要在天人間畫成一個圓，一個是由人間往天上升越，一個是由天上往人間落實，人要升越到天的層次，卻不想停留在天的層次，還要回到人間，每一步的人間步調都是向天上走，而每一步調都是為了回過頭來支持人間，上下間正好畫個圓，天人契合為一。

「養生主」要我們養「心」，且要在「人間世」養，在人間世養很難，逃到深山古剎比較容易，面壁十年比在台北街頭修養容易。「養生」之主要在養「心」，人間世是

你每天掃地，你最認真了，但不要顯現於外，炫耀於外。相反的，要把自己的德忘記，你就跟每一個人相處得很融洽，所以越不凸顯自己優點的人，他會擁有友朋間最多的好感，永遠把自己的優越凸顯出來的人，最後會沒有朋友，人家為什麼要每天跟你在一起，他每天當啦啦隊，而你一直做老大，老當主導的角色，這樣人家受得了嗎？

究天人之際，通古今之變

「大宗師」就是把〈逍遙遊〉由下而上的提升，跟〈齊物論〉由上而下的觀照，統合而成一個圓，這樣天人契合為一。這就是宗大道以為師，也是體現天道的生命人格之大。我們講《莊子》，都把各篇大意連貫起來說。〈大宗師〉講天人關係，就是司馬遷所謂的「究天人之際」，是最高也是最後的學問，「通古今之變」是最長久的學問。長久在歷史是幾千年的，所以說通古今；一個人的學問可以通貫古今就是通人。「成一家之言」的一家是思想家、文學家、藝術家的家，也是儒家、道家、佛家的家，各大宗教在傳統的說法如同諸子百家中的一家。而成一家之言，指涉的是這一家的思想體系，是有代表性的一家，等於顯耀的學派。代表時代的思想家，就是成一家之言。成一家不只是代表一個時代，還要通古今之變，且不僅是通貫幾千年，還要上達天道，這就是究天人之際。

哲學宗教都是究天人之際，人要往天的路上走，究天人之際是哲學，通古今之變是史學，成一家之言是文學，這叫文史哲不分家。文學一定要成一家，莊子是一大家，孟子是一大家，他們都是天下第一流的思想家，好好念《老子》、《論語》、《莊子》、《孟子》，意味無窮，自成一家之言。儒道兩家都流傳幾千年了，而每一代的讀書人都在讀經典，這是很感動人的事，這就是通古今之變。在某一世代裡，我們代表這個時代發言，做時代的代言人，就是成一家之言。而這一家可以通貫幾千年，古今不是大不相同嗎？但今人古人都是人，而人有人性，都從天道生成的，所以通古今之變的根源就在究天人之際。

知天知人才是至人

且看莊子怎麼說？「知天之所為，知人之所為者，至矣。知天之所為者，天而生也；知人之所為者，以其知之所知，以養其知之所不知。終其天年，而不中道夭者，是知之盛也。」因為要通貫天人，已經不是古今的問題，也不是一家的問題，從一家進到古今，再從古今進到天人。講天人關係，第一個要知天，第二個要知人，知天知人才可以究天人。知人還好，因為人是看得到的，但是天是看不到的，你可以觀察人，但是你無從觀察天，譬如山水畫，你可以畫山水、田園、人物，但是你畫不出天道，你畫的是天空，不是我們所說的天。所以天是不可知，我們知道天跟人均非靜態的存在，人是活著的人，而天也是在生萬物的天，天理總是在流行中。孔子說：「四時行焉，百物生焉，天何言哉！」老天的語言在哪裡表現？在四季的運行，在百物的成長，為什麼四季會運行，為什麼百物會成長，是否代表天道就在那裡，因而帶動四時的行與百物的生？

天在生我們，在帶動這個世界，才有四季運行，晝夜交替，萬物生長，萬象更新，大地春回。天在「為」，我們或許看不到它，但是我們可以去理解，「為」就是天做出來的，做些什麼我們可以知道的，就像我們很少看到總統，但是我們都知道他每天在做很多事。我們都知天，但不能直接看到它，所以我們要知天之所為，所為即天之生動，在生萬物在帶動萬物，這叫知天之所為。我們要知人，人不是靜止的木頭人，所以要知人之所為，「為」在人的生成，父母生兒女，老師生學生，政治家生百姓，朋友生朋友，這叫人之所為。人之所為在生成，知天之所為又知人之所為的人，才可以說是境界最高的人。說你要知天又要知人，你才是最高的人，那麼，要如何知天之所為，又如何知人之所為？

知天要從萬物之靈的人來知

知天在知天之所為者，天是無形的，要知天之所為，就從天生萬物去知、在帶動萬物中生成萬物。「天而生也」，意謂天所「為」的唯一一件事就是生，我們永遠向「生」我們的人禮拜，頂禮、膜拜、燒香祈禱，為了禮敬生我們的「天」。你如何知天？從天的「生」來知。天生萬物，天的生成作用要從天所生之萬物中最靈的「人」去知。就如同做老師不一定看得到學生家長，但看到學生就知道家長如何。從孩子身上看到他的父母，他的家庭教養，我們從孩子的言行舉止就可以知道他父母的為人。原來看到「人」就知道天，因為人是萬物之靈，要知天就從天的「生」來知天，因為天地之大德就在「生」，從天下父母心就可以知天，知天的問題一轉而成知人。從天所生之「人」來知天，因為天無形，但天總是在流行，生成萬物、帶動萬物，知天之所為者，就從天的生來看。天生萬物中，最靈的就是人，所以我們就從人來知天，知天之所為就從知人之所為來看。

從知人來知天？問題在是從哪一個人？我知道絕不是天涯淪落人，通過怎麼樣的人來知天？莊子說通過真人，不可能通過假人，因為假人身上失落「真」，而「真」是天生而有，人的身上沒有真，也就失落「天」，又怎麼可能從他的身上去知天呢？

怎麼樣知天？通過人，怎麼樣的人？「知人之所為者，以其知之所知，以養其知之所不知。」人上面是天，人下面是物，人是萬物之一，但人比物高，因人有心靈，天是純粹的心，天叫純靈，靈一定明，所以說神靈神明。台灣街頭流行明牌，給明牌有洩露天機之嫌疑，所以正神不給明牌，因為明牌應該是公平的。老天給明牌應該給每一個人，人在萬物之上，在天之下，人的一半是天，一半是物，人的「心」是天，人的「物」是物。要從人身上去知道天，但是人的身上有心有物，到底從人身上的「心」知天，還是從人身上的「物」知天？如從人身上的物去知天，天就是萬物，「天」馬上就掉下來，所以我們要通過人身上的「心」去知天。因為人的「物」那邊，跟萬物是一樣，是生理官能欲求，心執著物就會有勢利眼，會看不起人。人很現實，當「物」出來時，用財富看人，就要比一比誰有錢，看誰的荷包比較滿，這樣的排名不是品質，是數量，這就是唯物主義、功利主義，所以通過「物」不能知天。

那通過什麼可以知天，通過心靈，因為心有無限的包容，當心出來做主時，心最靈，心的靈最貼近天，天就是靈，人無心無知無為，不執著造作就是「真人」，每天罵人、傷人是假人。通過真人才能知天，通過假人天就不在，因為那是仿造品、是贗品，就像假鈔不能用，真鈔才能通行。對人也是一樣，從來不講真話只講假話的人就不能做朋友，所以說相知有幾人。從人的哪一部分去知天？是人的心這一部分，因為人的物這部分是物欲，心的部分和天貼在一起，要知天一定要從人的心來知。

知人要從有修養的人來知

現在再來解知與不知，莊子說「以其知之所知，以養其知之所不知」，人要修養，因為你要知人，要知人要通過有修養的人去知人。人要養「生主」，如果沒有修養，是人的物當家，有修養則人的心做主。儒家要有儒家的修養，道家要有道家的修養，宗教信仰也要人格修養，要靈修、靜坐、苦行，要閉禁，有如面壁修行，面壁才不會被人間的紛擾拉走，一定要守戒律，才能走入宗教的殿堂。要通過人的修養而「心」是生命主體，即「以其知之所知，以養其知之所不知」，「心」有「知」的作用，而「知」的本質是執著，故「知」有兩個層次，一是知，是執著而有分別心，二是不知，即無分別心。人的修養即由「知」進到「不知」。譬如父母生兒女，有生男生女的分別，生男生女分別得太明顯，就因為性別歧視，才有現代的新女性主義，性別的歧視就是分別心的「知」，「不知」就是無分別。

似乎通古今之變中，男生都不給女生平等的機會，所以現在才有新女性。我演講的時候說各位先生，台下的女士都很有風度，沒有人抗議，事實上我所說的先生是尊稱，包括女士。假定我說各位先生各位女士，就有性別之分。生兒子和生女兒的心理反應也大不同，生女的黯然神傷，生男的神采飛揚，顯然有差別，這叫知。知大知小，就是大小的分別，知男知女，就是男女的分別，這個知就是分別心，譬如身分地位的歧視，這個知就產生偏見。偏見產生歧視，歧視產生壓迫，所以那個「知」是讓人間不平等的根本原因。知是知非，知善知惡，知美知醜的「知」，道家的詮解，「知」是「心」的執著，是非、善惡、美醜的價值標準，是心知執著的產物，心執著自身的種族、膚色、階級、黨團或教派，做為價值標準，已然是偏見，又責求天下人要合乎我的標準更是傲慢，人世間的紛擾與災難，就由此而來。

但是，有些東西是天生的，你把它分別的話並不公平，美是一七五公分，那我怎麼辦？我才一六〇公分，向我爸媽抗議嗎？這就是我的命，我怎麼樣才能合乎社會的價值標準？當大家不用體重身高來做標準的時候，否則我趕不上別人。取消先天的長相來看這個人，取消他的爸爸是誰來看這個人，所以算命看先天的相是不公平的，應該看後天的相，透過他的修養來算他的命。我出生的時辰又不是我選的，為什麼要我對一生負責任，所以儘可能不要算先天八字，而算他後天的修養德行，這叫功德。而功德可以扭轉人生的命運，叫做改命。受教育就是功德，好好做人是功德，好好讀書也是功德，好好修養更是功德，功德太重要了，不能以先天面相定一生，那樣婦產科醫生就可以決定這個人一生的命運。當你一生下來，照一張相，你的一生就定在面相，看你的五官將來一定念台大，那大家都不要念書了，反正命都定了。從後天修行看，好好用功，將來還是可以考到好學校，有機會出人頭地，所以一定要通過「養」來說。

養是後天的修養，後天的修養是公平的，先天的條件是不公平的。人的知就是一種執著，譬如有人出生鄉土，他就討厭大都市，因為他站在鄉土立場，如果我們還有省籍區分的話就更麻煩。所以那個知不是認知或知識的意思，那個知是執著是分別的意思，分你是台灣人，他是外省人，是本地還是海外，分白色、黑色人種，分勞動階級、資產階級，這是全世界的災難。馬列主義所以風行全球，就是利用階級對立，所以這個「知」把人間分裂得支離破碎。但「知」天之所為，知人之所為的「知」，只是理解或體認的意思，而沒有執著分別的意思。心知的執著會使人間破裂，人間之所以有那麼多的黨團、教派、階級之分，就是因為「知」在發揮負面的效應。

修養是從「心」的「知」養到「心」的「不知」

人生的修養就是從「知」養到「不知」，養到不知就是大家一樣沒有分別，天看所有的人是沒有分別的，要通過怎樣的人去知天，首先你不能通過物而要通過心。心有兩邊，一是跟人家分別的心，很計較、很勢利的心，這樣的心會讓人間破裂，當夫妻、父子、母女都知道這個道理時，我們才是一家人，當台海兩岸都知道這個道理時，我們才能和諧共存。通過分別心的話，台灣是台灣，大陸是大陸，對話都不可能，哪能形成共識。

有分別心的叫人間，天上是沒有分別的，把人間分別放下才能像天國，要通過「心」貼近天上的人來看天，通過天所生的真人來知天。宗教就是從人間的分別，走向天上的沒有分別，這才叫悲天憫人。宗教就是讓大家得救，讓大家沒有分別，我們在人間受苦受難，是因為人間有分別，變成可憐人、沒有用的人，宗教就是使每一個人都變成有用的人，這叫無用之用是為大用。所以是「以其知之所知，以養其知之所不知」，「不知」的人就是天，因為我把生命中的「天」修養出來。人也可以讓生命中的「物」暴露出來，這麼的銅臭氣、江湖氣、草莽氣、勢利眼，而救人就是把人從分別心、勢利眼中超拔出來。知天要通過真人，而不是假人，真人是從「心」出來的，假人是從「物」出來的，真人是修養出來的，通過「心」的「知」養到「心」的「不知」，那人就從人間走向天上。

人的心路歷程，從人間走到天上，就是無分別心，那時從人的身上可以看到天，宗教信仰與哲學素養就是從人身走向天道的旅程，天只是給我們一個終極指標與理想，但從人到天的歷程是要人自己去走出來的。這樣知天又知人，天在人身上，有修養的生命人格身上有天，可以終其天年，享有天生應有的年限。人生百年就是天年，終其天年，是安享天年而不中途夭折；「知之盛」即知的最高峰，就是既知天又知人的「至人」，可以終其天年。在人間長生不老的價值美好，不一定高過在天上的沒有分別心，假定人間不好，長生不老有什麼意思，我們希望長生，須這個地方很值得，如果人間擠迫、惡劣，還想早點離開，要長生不老，最重要是讓世界變得很好。道家的義理要將人間轉好，即可逍遙遊，還要齊物論，大家平等才保有可以好好活下去的世界。所以這樣的「知之盛」，我們可以安享天年，在人生旅途中優游自在。

「不知」的真人可以知天

「知有所待而後當」，所待即修養。修養是一生都要的，每天都要做的功夫，「知」有待修養而後當理，所以每一個時刻的心靈修養，才有每一個時刻的生命真實，每一個時刻都從「知」養到「不知」的人，才是每一個時刻的真人，每一個時刻都是真人的人，才是每一個時刻他的身上都有天的人。修養最難，因為人心中起了什麼執著造作的念頭，都要把它解消，《論語》有謂「君子無終食之間違仁，造次必於是，顛沛必於是」，意謂不能在一餐的時間仁心不起作用，在顛沛流離時代遽變時更要修養，所以人生的保證就在修養，因為我們另有一半會讓人沉墮的物啊！不修養，物就出來了，修養時心會出來，且不是有分別的心，而是無分別的心，分別的心不免看人低，修養後才會平等對待別人，所以說知要有所待而後當於理。而所待就在每一時刻的修養，人生的美好才有每一時刻的保證。

所以修養要隨時進行，不能說我修養完了，讀書會畢業，考試會考完，而做人是要做一輩子的，修養是要修一生。只要我們隨時修養，你怎麼知道我所說的「天」不是「人」，而我所說的「人」不是「天」呢？假定我們每一個時刻都有修養，把人的心修出來，轉成真人，那時人就是天，天就是人，人就成了既知「天」又知「人」的「至人」了，為什麼說孔子是天，即是這個道理，因為孔子已經修到那個境界了。釋迦牟尼佛就是修到那個境界，耶穌就是修到那個境界，所以他是人的身分，也是天的身分，他已經修養到上天那麼高了。人已經是天了，全幅生命是心，而且全幅生命是無分別心，這樣我們就是天上的心，天人之間的分別就不存在了！天人一體無別，是人的修養在保證。人的一生，走的是永不停息修養路，這樣天就是人，人就是天。

此從「天之非人乎？人之非天乎」的一體無別，再加一句，「且有真人而後有真知」，這是畫龍點睛之筆。能夠一生修養的人，從知養到不知的人，這樣的人叫真人；

不要人間排名的人，心無分別，保有天真的人，這樣的人叫真人，有真人才有真知。真知是知天，而不是知識，人到這個時候我們才可以說我們知天。在道家思想傳統裡面，最高的人格我們稱謂他是真人，神仙人物都叫真人，因為他把他自己修到天的層次，修到無分別心，修到無執著。沒有分別，沒有功利，沒有權勢，沒有排名，在他的眼中全天下都在一體無別中，這樣的人叫真人，真人就有真知，那個時候的「心」就是天上的心，心裡所想的就是天上所想的，在佛家叫菩薩道，菩薩就是用佛的心來救世界，來普渡眾生。

宗教就是解答生死困惑

底下莊子講「何謂真人？」，怎麼樣才可說我修到了真人那個層次？第一個是去心知之執，第二個解情識之結，第三個破死生之惑。怎麼樣叫真人，修到無分別心的「不知」，要把「不知」的心來化解這三方面的執迷困惑。「知」是心知之執，我們的知就有成敗、得失、利害、禍福的分別，落在相對的二分。真人是不知的，解消心知之執，才不會在人間的名利權勢中擔心自己處於弱勢而被比下去了。我們一定要去掉這樣的心知之執。心裡面執著什麼叫英雄好漢，所謂第一流人物，一定要能呼風喚雨，有這種念頭就很難做真人，因為你老在人間跟人家比較。此所以第一個就要「去心知之執」，不要有成敗、得失、利害、禍福的分別，去掉你的分別心，沒有所謂的第一流跟第一等，不要想超過別人，絕對不能輸的執著一定要去掉，不然很難做成真人。我要做真老師，一定不在乎一個月的待遇有多少，不然的話就很難當真老師，因為會英雄氣短，人家一天打幾通電話，收入就超過我們教書一個月的薪水，那個時候就教不下去了，你一定要不在乎，你才會好好當老師，才會敬業，才會盡心對學生。

第二個叫「解情識之結」，莊子說是「其寐也魂交，其覺也形開」，晚上心魂交錯睡不安穩，因為白天看到人間街頭有什麼，而自己的心中就想抓住它，由執著而構成是非，此大知小知的分別，再往下掉，轉為大恐小恐的情識陷溺。因為你有成敗、得失、榮辱、禍福的分別，帶給你壓力，你就會焦慮驚慌，感到心都涼了，手都軟了，這就是情識的陷溺。情識是從心知來的，心知有執才會心有千千結，心糾結成一團，生命在恐慌的狀態患得患失，失也患，得更患。在考試時排名第一的人最擔心受怕，因為他可能失去第一的榮耀，而最後一名的人最放心，因為他不用擔心別人會來搶走他的位置。所以情識就在「患」，從擔心到焦慮，每天擔那麼多心，怎麼能夠當得了真人！真人要逍遙遊，所以第二個要解開情識之結，你晚上才睡得著，白天才吃得下，人生自己在也自己得。

所以莊子說一般的俗人是用喉嚨呼吸，話一下子就衝出口來，真人呼吸以踵，用腳跟呼吸，你看練功夫的人都不大穿鞋子，赤腳走天涯，因為我們身上的生命之氣，要跟大地的靈氣連接起來。真人之息以踵，腳踵緊貼於地上，大地是我們的根，真人立足於大地，而不是在虛無飄渺間，這樣的人無憂無慮而自在自得，放得下，忘得了，又走得開。我最大的突破就是我不在乎當老師的待遇，從小學教起，初、高中每一年級都教過，總覺得做一個老師好有意思。當老師放開了薪資高低的分別，去掉心知之執，做一個老師就不會傷感，這麼辛苦，付出那麼多，作業都改到半夜，人家下班就下班，我們晚上有學生來，暑假比平時還忙，每一個人都知道你放暑假，學生打電話說要來看你，你能說不好嗎？你說不好，你就不是老師。所以說我對學生沒有抵抗能力，只要學生說：「老師，我要跟你說說心事。」我一定會答應，他一定有困難，至少他希望和老師談，你怎麼可以拒絕，兒女問爸爸有沒有時間？當然有，馬上拉他過來，爸爸有的是時間，爸爸的心永遠為兒女開放的，除了兒女之外，我的心還要對同學、朋友開放，即使明天要交稿，還是說好。

第三個是「破死生之惑」，會使我們隨時感受到的精神壓力，就在死生的分別，生是全部的有，死是全部的沒有，利害得失都是相對比較來的，現在有利，過了現在可能有害，且利害關係可以扭轉過來，但死生是不可逆的，轉不回來的。所以人最看不破的是死生，說生死是大關，修行最難在勘破生死大關，這一關看開就可以「朝徹見獨，入於不死不生」之境，朝陽照遍人間世界的每一個角落，真我朗現，打破生死二分，心不執著，生死就此遠去，再也不能壓迫我們了！宗教就是解答生死的困惑，宗教要給出來生、要給出天國，不然死後要到哪裡去？

儒家解答死的問題，是用「生」來解答，人的恐懼就在人會死，儒家說我們生生不息，我一直生就不會死，我們的「死」，就是我們沒有力氣了，假如我一直「生」就會有生命力。所以退休後，一定要關心社會福利事業，一定要付出，這樣我們「生」的能源動力才會緜緜不絕。退休藏有危機，好像社會不要我了，我沒有用了，人也就衰老得很快；我要永遠有用，我要以過來人的經驗告訴年輕一代，我關心整個社會的未來發展，儒家就說是生生。生生的第二個解釋是父母生兒女，一直生下去怎麼會有死？一個人化成幾十個人，世世代代活下去，我父母親生我們九個兄弟姊妹，現在九個至少生出了二十幾個，本來是我爸爸媽媽，現在變成幾十個，因為代代相傳，我們都活在後代的身上，所以認為人不會死。儒家以生生面對死的問題，不斷的讓「生」出來，一代傳一代，中華民族是世界最長久的民族，因為我們懂得生生的道理。生生之謂易，《易經》的道在生生，天地之大德曰生，對「生」頂禮膜拜，所以生生不息，我們就不會有死的問題。老莊認為「不死」之道在「不生」，這是道家獨特的智慧，認為不生所以不死。

勘破生死，人生就無煩憂

有一回在國父紀念館演講，講完之後，有兩個女生提出問題，問我在《當代人心靈的歸鄉》書中，道家所謂不生就不死，是什麼意思？我聽到這個問題好感動，好想擁抱她們，我的女兒都沒有問我這麼高深的問題。知道她們是國中生，我更高興，國中生來聽我演講，而且問到人生最重大的問題，顯然她們在看我的書。這兩位年輕純真的學生，就是真人，從她們身上我看到了天在哪裡，那場演講，只為了有這兩個人的回應，我就感到無比的安慰。

為什麼不生就不死？因為死是從生帶來的，你心裡執著一個生，死也同時成立。你買股票就承受股票會跌的恐懼感，像我一張股票都沒有，所以股票的起落都在我的生命之外，不會形成壓力，從一萬多點跌到二千多點，心如止水，像道家的真人一樣，那是因為我在股票市場之外。所以要置生死於度外，這句話就是這個意思。

生死如何置之度外？不執著生，死就不會來。我不買股票，股票就不會把我套牢；我不執著生，死亡永遠不會壓迫我；我不追求成功，失敗永遠不會來；我不想做官，就不會有下台的恐懼；我沒有競選，就不會落選。所以道家說你不執著生，不以生為生，死亡永遠不會闖進心頭，因為死亡的可怕不是死亡的本身，而是那種恐懼的陰影老纏繞在我們的心頭，你會一直想人終究會死這個問題。莊子〈齊物論〉說過一句話，你怎麼知道死後不是回家，這像我們去高雄旅行，五天以後回台北，你會傷感嗎？不會嘛！回家多好！

所以莊子妻死，他鼓盆而歌，朋友問他，人家幫你生兒育女，你不哭就算了，你還好意思唱歌？莊子回答，她現在回到大自然的老家，正在高臥，正在安眠，人生就是一段旅途，舟車勞頓，回到家正好可以安息，結果你還在這裡痛哭，這不是有點荒謬？因此說人害怕死亡就像一個迷失在外的小孩，找不到回家的路一樣。所以老莊要勘破生死的大關，勘破生死就是真人，天是沒有生死的，人才有，你如果連生死都能勘破，這個世界上就沒有什麼事可以讓我們煩惱、憂心，把我們綁住、套牢的了，我們成了完全自由的人。

體現天道的人是為大宗師

最後他說真人是「以刑為體」，真人要承受我這個人物，做為一個人我身高、體重不是完美的，做為一個人我會餓、會累，會想睡覺，人生路怎麼走？天生氣命好不好都要承受！只好用餐，只好睡眠，所以以「刑」為體就是指形體的拘限，我的形體是不自由的，會生老病死，你要承受它，因為做為一個人，一定要有形體去參與人間。

其次，不只做一個人物不自由，還要通過複雜的人間世界，這叫做「以禮為翼」，用禮來做為人間的輔翼，可讓我們走過人間世。人要有禮貌，到處都可去，你對人家微笑，到處都行得通，這叫以禮為翼。人生在世，第一要承受人物的有限性，第二要通過人間的複雜性。

第三是「以知為時」，要化解做人做事的執著和滯陷，此知是「不知」的「知」，知天知人的「知」，無心虛靜，因應順任，就可以與時偕行。順應親人朋友的感覺，任何時候都可以是大家相知相惜的最佳時機。

第四是「以德為循」，化解了做人做事的執著，最後可以實現做人的價值，叫以德為循。保有本德天真，實現真人人格，我自在自得，無待逍遙，處處都是美好，天地間無不可遊，人間世無非遊也。這是莊子的真人世界。

真人就是大宗師，是以天為宗以天為師，把「知」養到「不知」，無心自在就是有真人而後有真知，這個真人是生命人格之大，「大」就在體現天道，通過人格修養，完成真人的人格之大，這叫大宗師。所以大宗師是知天知人的至人，真人的身上體現了天道，宗教最後就是希望我們從人間走向天上，「不知」是真人，真人有真知，真知在天，這就是宗教信仰最後的理境。

◉人間抱憾難免

《莊子．大宗師》有段女偊與南伯子葵的問道對話，透顯了人間終究有憾的道行艱難。女偊年長而色若孺子，猶如童顏而鶴髮，兩不相稱。引起南伯子葵的好奇，請教有什麼秘方，可以避開衰老的來臨？

女偊的回應簡單而直接：「吾聞道矣！」原來不老之方就在聽聞了天道。南伯子葵立即追問：「道可得學耶？」在二者對話間，「聞道」蘊含了「學道」的工夫意涵，聽聞言說僅停留在理論層次，學習則落在實踐修養的歷程中。

此《老子．四一章》云：「上士聞道，勤而行之；中士聞道，若存若亡；下士聞道大笑之，不笑不足以為道。」體道之士而有上中下的評價區分，就以工夫的深淺做為依據。上士勤行，下士不行，中士搖擺在二者之間，與上士為友則工夫存，與下士為友則工夫亡；而下士聞道不僅不行，且出以大笑的藐視狂態，原因在他不相信道，認定道太空闊遙遠，不切實際。老子在此一境遇間，以幽默感來自我超脫，化解在心頭湧現的不滿之情。

《論語．學而篇》開宗明義即云：「學而時習之，不亦悅乎；有朋自遠方來，不亦樂乎；人不知而不慍，不亦君子乎！」孔子與老子在工夫修養的深切體驗上，正跨越時空，遙相呼應。學而時習與勤而行之，用功等同；有朋遠來位居工夫存亡的轉關樞紐；不知不慍也與不笑不道的寬容自解，境界相當。

南伯子葵的問道之心已被激發，可預期的他一定會是勤而行之的上士，未料女偊卻給出無情的回答：「子非其人也！」你不是此道中人，意謂天生的才氣不相應，故有心而無才，難竟全功。

女偊心中另有理想人選，那是擁有「聖人之才」的卜梁倚。女偊聽聞的「聖人之道」是普遍性的，對每一個人開放，人人皆可以修道。不過，在「根源問題」之外，尚有「完成問題」，此則涉及了才氣或根器的問題，人才可遇而不可求，人在追尋道，而道在等待人，聖人之道與聖人之才，若兩相錯過，則成人世間最大的抱憾！

女偊是修道人，她盼望能與卜梁倚組成最佳二人組的夢幻隊伍，「庶幾其果為聖人乎！」或許在聖人之道「守而告之」的教化之下，可以修成正果，完成「聖人之德」的千古大業。

問題在，天生有才氣的人，大多恃才傲物，逃離在「道」的化成之外，終究成了人間的棄才與天地的逸氣，而抱憾總是難免！

◉想當堯舜反成桀紂

在數千年來以儒學為主流的文化傳統中，面對人生的苦難，走的是以政治救人的道路，此中透顯我們不為自己預留退路的決絕勁道，沒有天國、沒有彼岸，人生的好與不好，都在今生今世。

政治救人的完美典型，就在以內聖的修養，開創外王的事業。依孔子的詮釋：「天下有道，禮樂征伐自天子出。」普天之下的每一個人、都在聖王的人文教化之下，才算是堯舜之道的理想極成。倘若諸侯國抗拒禮樂教化的人文理序，天子在維護一統的政治格局之下，派兵征伐不僅必要，且屬合理。

此一說法，莊子思想做出了真切的反思與嚴重的質疑。〈齊物論〉有一段堯舜對話的寓言，堯說我想攻打三小國，雖已君臨天下，內心卻老是有負擔，不知為了什麼緣故？舜回應說，三小國藏身在天地的一角，有如蓬蒿艾草一般對天下理序既不干擾，又無妨害，你怎麼就不能放開它們呢！莊子認為三小國與世無爭，堯卻為了維護聖王的形相，不容許三小國偏離在自家的人文教化之外，惟恐傷損聖王的美名。這是道家所痛切反省的由心知執著帶出人為造作的災難。說是為了實現人文化成的理想，卻出以戰爭毀壞的手段，試圖以目的讓手段合理，豈不是為了想當堯舜，反成了桀紂嗎？

老子說：「絕聖棄智，民利百倍；絕仁棄義，民復孝慈。」（〈十九章〉）在位者不以聖人智者自居，那天下人民就有福得救了；從政者不以為自己是仁義的化身，那天下人民就有自在的天空了。聖智傲慢，而仁義高貴，說是愛天下，卻是害了天下。

原來，桀紂的人為造作，來自堯舜的心知執著。心知執著堯舜聖王的理想形相，由有心而有為，責求天下人接受我的禮樂教化，否則，不惜訴諸武力征伐，這一人為造作的激烈手段，正是理想的異化與愛的變質，為了做堯舜，反成了桀紂。

此所以莊子說：「與其譽堯而非桀也，不如兩忘而化其道。」（〈大宗師〉）不想當堯舜，就不會做成桀紂，解消了善惡兩極的執著二分，而回歸天道自然的一體和諧中。

今天，我們要有了悟，愛台灣不是哪一黨的專利，別以「愛台灣」來合理化自己，卻做出了傷害台灣的事。或許今生今世救人，依然是知識份子的宗教，不過，那總是要通過民主體制與法治軌道，這樣的話，才可能所有人一體得救。

◉在道中相遇相忘

歲暮天寒，師長友朋間，有人急診住院，有人病重過世，傷痛之餘，問人間生死何事，直教人心懸悲喜兩極，而擺盪其間。

《莊子．大宗師》有一段寓言，說三位方外高人，相與為友，每天無心自然的相處相得，且純任天真的相知相惜，渾然忘了人間還有生死的分別。三人心感神應，相視而笑，等同做了心靈的最後話別。沒多久，子桑戶死了，尚未安葬。孔子同情他們，派子貢前去助理喪事，未料兩位方外高人，卻一邊編曲一邊彈琴，和聲唱道：「唉，桑戶啊！唉，桑戶啊！你已回歸自然天地，而我們仍得在人間做人啊，唉！」

這真是天大的幸運，三人之間甫做心靈話別，而子桑戶死了，不再有遺憾，也無須傷痛，似乎離開人間的人已得解脫，而仍活在人間的人，卻還得在世俗塵囂中流落，是以生離死別，不再是哀悼的告別式，而可以是編曲彈琴的歡送會。

子貢面對此情此景，不能接受，質疑的說：「貴友停棺堂上，而兩位卻臨尸而歌，請教這樣合於禮制嗎？」兩人會心一笑，說道：「閣下又哪知禮的本意！」子貢碰壁而回，跟孔子報告：「他們到底是怎麼樣的人，修行盡在化掉既有的規範，直不把生死當做一回事！」孔子答道：「他們遊於方外，我孔丘遊於方內，方外方內本是兩個互不相干的世界，我要你前往治喪，那是我的淺陋！他們正與天地同在，與造化同行，生是負累，而死是解脫，形軀僅是安身之所，而生命依歸道體，怎會守住世俗之禮，儘做給天下人看呢！」

子貢聽聞孔子對方外高人這一番同情的了解與肯定的評價，大感困惑：「倘若方外之人的行誼，是值得敬重的話，那麼老師你要把我們帶往何方呢？」孔子的回答，凸顯了儒家的本懷：「我這個人是天生的勞碌命，幾乎無可選擇，我們師生兩個當然走遊於方內的路。」

子貢問說：「方內擔當人間理序，要如何『遊』得起來？」孔子答道：「魚在水中相遇，人在道中相會。魚只要在水中穿梭來去，而養分自足；人在道中行走，無須人為造作，而生命自定，此所以說：魚相忘於江湖，人相忘於道術。」

魚的生命源頭在水，人的生命源頭在道。有了源頭活水，魚可以互相把對方忘記，不必「相濡以沫，相呴以溼」；人也可以互相把對方放下，不必我救援你，你支撐我；此所以相忘的根本，就在活水源頭的道。不論立身方內或方外，總要心中有道，道就是一切，一切都在這裡，一切也就可以放下，生命不就可以優游自在了嗎？

人生自古皆有死，問題在，「道」已臨現了嗎？

◉勘破生死可與為友

報載有一對青年情侶，相約伴隨一生；未料，男生因拔牙感染而遽然過世。或許過於突然，女生不能接受，也就自殺相隨。天下父母心，為他們舉行冥婚之禮，以彌補有情人未成眷屬的人間缺憾。

吾人看此則報導，赫然發現新聞標題竟是：現代版的羅密歐與茱麗葉，且是以「殉情」來終結此一所謂的「人間佳話」。

當然，衡之當前性愛氾濫而獨缺真情的街頭景觀，這位以生命還報深情的女子，堪稱人間少有，為這一真情流失的年代，留下了讓人動容的生死見證。動容之餘，卻讓人心疼，這是什麼時代了，怎麼還會有一往情深而不忍獨活的堅貞決絕？所以，心疼之外，更多的是一分敬意！

不過，把這一件令人傷感的憾事，說成佳話，未免太離譜也太沉重了！此與羅密歐、茱麗葉戲劇性的殉情演出，大有落差，一者是因病痛而來的生離死別，一者是為化解兩家積怨而有的陰錯陽差。怎會是現代的翻版呢！

就因為生死兩茫茫，死者已矣，而生者難以承受這一至愛離去的傷痛，只要想起他正在黃泉路上踽踽前行，既落寞又哀傷的情景，怎能不興起伴隨同行的意念呢！在這一生死交關的時刻，總要有親人友好的陪伴支持，這位女子僅是女朋友的身分，或許被疏忽了，反而得不到應有的安慰與保護吧！

越是不忍難捱，越得換個角度來思考，假如他泉下有知，會希望你如何過這一生呢？他那麼愛你，想當然耳會要你堅強的活下去，且活出一生的美好；可惜的是，她沒能轉念而跳出此一困局，竟隨所愛而去！

《莊子．大宗師》說四個方外真人，發表一份共同的聲明，向世人宣告，只要能了悟死生存亡本是一體而不可分的人，我們就跟他做朋友。原來，人世間公開徵友，只有一個條件：那就是勘破生死大關的人。因為若沒有解消生死的執著與分別，而相與為友，是則所有人間的真情友誼，無不以悲劇收場。一邊走不開，一邊放不下，豈不是人間情愛均成傷痛麼！

人生在世，不論親情友誼，在活著的時候，我們永遠要做到這一點，那就是當哪一天我離開人間的時候，他可以堅強的活下去。這樣，我們才真正是相愛一場，而不會抱憾成空。

◉別無語問蒼天

《莊子．大宗師》有一段寓言故事，說兩個知心好友的生命對話。

子輿在連下十天大雨的時節，想起好久沒看到好友子桑了，心裡嘀咕著，子桑大概生病了吧！就帶著飯菜前去，想讓子桑好好吃一餐。

未料，到了門前，只聽到屋內傳來子桑鼓琴悲歌，而其聲若哭的唱道：「父耶，母耶！天乎，人乎！」或許心裡承載不了這麼沉重的哀愁吧，歌聲急迫短促，幾不成調！

子輿進了室內，問說：「吾兄歌詠詩篇，聲調怎會如斯蒼涼沉重！」子桑答曰：「我在想是誰逼我落到如此嚴重的困境，卻一直找尋不到答案！生我愛我的父母，哪裡會要我如此的貧困呢？而生萬物養萬物的天無不遮覆，地無不乘載，也不會獨獨要我受苦受難！我老是問自己，到底是誰造成的，既不是父母又不是天地；然則我今天竟落在幾乎活不下去的困境，大概只有命可以解釋了吧！」

莊子這麼親切而深刻的存在感受，直承孔夫子。孔子說：「命矣夫，斯人也而有斯疾也，斯人也而有斯疾也！」好人而得絕症，當真天道寧論，你不能無語問蒼天，因為蒼天也無以回應。

孔子說：「死生有命！」莊子也說：「死生，命也。」「命」一邊是「不得已」，你不能讓它停下來，一邊是「不得遯」，你不能逃離避開它。人生的困苦在，你試圖讓時間凍結，青春永駐，而那是不可能的任務。

在面對生命的苦難，不祈求上蒼庇佑，以「還不是命嗎？」輕描淡寫，當下釋放自己，立即得救。「命」是屬於人物的有限性，沒有人不在歲月中老去，也沒有人不離開人世間，那是佛陀與基督也無能為力的地方。在傷痛臨頭之際，你就認了吧！認了，它就不能再壓迫你，再傷害你了。與天地同在，與時間同行，豈不是從苦痛中解脫了嗎？

「命」就是最後的答案，更貼切的說，那是沒有答案的答案，沒有理由的理由，也是沒有出路的出路，有如「行到水窮處，坐看雲起時」，水窮處就是雲起時，所以「命」是傷心的終站，也是再生的起點，那是幾千年來的救命妙方。

應帝王——無冕的帝王

「應」就是因應無心，帝王，是世界上最自由的人。我把自己放下來，我無心，那個時候我最自由，因我不跟人家爭，不跟人家計較，所有的束縛、禁忌、顧慮、壓力都沒有了。所以只要應物無心，我們就是無冕王，就像皇帝般的自在了。

人皆可為堯舜的道家版

〈應帝王〉是內篇最後一篇，它被認為是莊子思想的帝王之學。老子說的「無為而治」、「無為而無不為」，就是道家的政治思想或外王思想。我們如何來解釋「應帝王」的意義呢？主要的意思，「應」就是因應無心，因應無心乃帝王之德；「應」即是應物，人是活在人間世界，要跟物相處，所以要應物，但是要如何應物呢？因應的態度，要無心，不要有心。無心則可以順任因應，順任就可以讓天地、人間回歸自然美好，這樣就是帝王之德。

一個帝王家要如何治國平天下呢？那就是要跟天下人在一起，要順應天下人，讓百姓活得幸福，這樣才是最好的帝王。最好的老師都是跟學生在一起，順任學生，帶著學生成長；而最好的父母是跟兒女在一起，順任兒女，帶著兒女成長。這樣的德行就叫帝王之德，帝王要引領天下人，所以說應物無心乃帝王之德。再進一步解釋，因為我們每個人不可能當皇帝，故對天下人來說，每一個人也在應物，我們身處人間跟人相處，所以要應物無心，只要我們無心以應物，我們就跟帝王一樣的自在。

天下帝王唯我獨尊，普天之下他最自在，人人無心也自在，等同帝王，也就是無冕王了。當我們可以把自己放下來，可以無心順應，那時候我們就是皇帝，無須加冕，因為我們跟皇帝一樣的自由。故一個人可以無心應物，本身就是帝王，這就叫帝力何有於我哉？那時候帝力對我來說的話，好像不存在一樣，「天高皇帝遠」，我把自己放下來，我無心，那個時候我最自由。不跟人家爭，不跟人家計較，會覺得原來的束縛都沒有了，原來的禁忌沒有了，原來的顧慮沒有了，原來的壓力沒有了，突然間覺得好自在、好自由，那就是皇帝。所以我們只要應物無心的話，我們就是無冕王，就像皇帝般的自在了。

遊心於淡，合氣於漠

阿拉伯世界跟西方世界的對抗，阿拉伯世界當然要維護自己的主權，西方國家要維護其世界的霸權，這個是帝王之爭。在決戰的緊張時刻，講《莊子》的〈應帝王〉，時機上最為恰當；因為帝王要強霸天下，一定要有軍事武力，但是莊子講的不是去打天下，而是我把自己解消，我把自己放下來，我只是無心，我去因應萬物，去順任萬物，這樣的話反而能成就帝王之德。

這跟中東情勢兩造對抗完全不同，所以我們才要去理解老莊道家的思想理念。真正的帝王是無心應物，這在《道德經》來講就是：「聖人不仁，以百姓為芻狗。」聖人不仁，聖人是無心的，聖人放開百姓，讓百姓自在自得，這才是真正的聖人。真正的聖人是沒有自己的，聖人沒有自己，而讓百姓「有」出來；讓百姓「有」出來，這豈不是帝王之德嗎？治國平天下嗎？所以怎麼樣讓帝王之德通過道家「無為而無不為」的思想型態來做一個合理的解釋，這就是〈應帝王〉的旨趣所在。

莊子引用一個寓言式的話來說〈應帝王〉，「遊心於淡，合氣於漠」，一般我們都說淡漠、或平淡冷漠。淡漠就代表不那麼熱衷，不那麼執著，淡淡地，有時候看起來漠然，意思就是放下來。現在我們要講兩方面，一個是心，一個是氣。講外王一定要安頓萬物存在的氣，因為人的存在是心在氣中，而氣是要通過「心」來引導，這是儒家式的，因孟子養氣是以心的理來養物的氣，是用心來引導氣。心是理義，心來引導氣，理直則氣壯，氣會跟著心的理壯大，因為心是無限大，所以氣也會跟心一樣大，那時候的氣叫浩然正氣，因為你的心是對的，你的氣就得到那個「對」的養分，愈是對的你的氣就會愈壯大，是謂理直氣壯。人在覺得自己的心不對的時候，氣會衰退。所以海珊認為他還是對的，因此他稱之為聖戰，不然的話，阿拉伯就沒有那個軍心士氣，一定是要為阿拉伯的榮耀而戰，這樣氣才能跟著對的心而成長、而壯大，由理直而氣壯，且氣壯山河。

淡漠無心，心游氣合

莊子說游心，即是無心，游心於淡，就因淡而無心。心淡無心，氣漠無為，氣在心的鼓動之下，顯發而為生命力。在儒家來說，人生的問題是我們的「氣」出問題，所以儒家希望我們克制自然生命的形氣物欲，「克己復禮為仁」，人生而有欲望，要克制我們的欲求，所以儒家的修養是讓我們的「心」當家，氣才不會失去方向而流竄。道家認為人生的問題不在氣，而在我們的「心」，因為心太執著了，太狂熱了。譬如說我們雄心太強的話，會引起人為造作，鼓動擾亂了生命之氣，氣亂或者消化不良或者心律不整，甚至吃不下睡不著，因為心太放不開，也就牽動氣，所以莊子說要無心，無心的話氣就放平。打坐為何又稱靜坐，靜坐就是氣要平靜，「心」一定要虛，因應無心乃帝王之德，不能因應無心的話，心就會有很多執著、很多罣礙、很多焦慮、很多壓力，如此氣是不會平順的，一定被牽動而受累。所以要無心，無心才可以合氣。合氣於漠，漠就是無為，所以心淡氣漠就是無心無為的帝王之德。

莊子說他乘著一隻很大的無形的鳥，飛到一個什麼都沒有的地方，什麼都沒有的地方就是心裡面什麼都沒有，無心就像是一頭無形的大鳥，無形說心的無不包容，心是「虛」是「無」的，無不包容就是大。因為無了，心裡面把權勢名利都忘掉，所以心變成很大，而心是無限的，什麼都可以進來。一頭大而無形的鳥，就是我們的心，飛到什麼都沒有的地方，沒有房地產、沒有股票、沒有功名利祿、沒有成敗得失；飛到無何有的鄉土，那個地方一片開闊，不會覺得像走到台北街頭那麼擠、那麼累、那麼受到壓迫，好像整個世界廣袤無垠，此即所謂的因應無心乃帝王之德。你無心，氣就合了，「合」含有「和」的意思，叫和合，在老子來講是「專氣致柔」，無心，氣就專一，假定心加入的話，氣就被心帶動。儒家式的修養要有心，道家式的修養要無心，無心的話，氣才自在而和諧。

儒家講的修養就是要克制我們的氣，有時候我們的氣會莽撞暴裂，而通過心來帶動我們的氣，這是儒家式的。所以孟子說養氣，讓氣跟著心走，不要讓氣自己跑，因氣會變成脫韁的野馬，四處狂奔，氣就散掉了。氣通過心來凝聚，叫養氣，要轉成浩然正氣，得用心來養。所以光氣不行，因為氣會流竄，要把它養到心那邊去。但是道家的想法是心要放下來，要順任，要無心，這樣的話氣才會專一，而且會柔和。

道家在〈人間世〉講「達人心」、「達人氣」。「達人心」是我的心跟你的心，心心相印；「達人氣」就是兩心體貼而成一體，氣就交感。譬如兩個相知的朋友，不用說話就自然有感應，兩氣感應就叫達人氣，心靈虛靜而觀照，生命有自然的感應。人怎麼應物，一個是心跟心能夠相知，另一個是氣對氣能夠感應，這叫達人心、達人氣。

兩心相知，兩氣交感

心要相知，氣要相應；但是心要相知是通過無心來說，無心才相知，無心的話氣就會專一，就會相應。所以莊子講「淡」、講「漠」，意謂一定要加個「無」，才會「游」，才會「合」。我們的心要游，我們的氣要合。但是要有「無」的智慧，要「無心」心才會游，即逍遙遊，無了以後才能逍遙遊，「淡」、「漠」都是無，「無」了以後「氣」才會柔和。

在〈人間世〉特別講未達人心，未達人氣，是孔子告誡顏回，說顏回「未達人心」也「未達人氣」，所以他勸勉顏回要做修養功夫，哪一天能達人心、達人氣，才能去規勸衛國君王。在他跟衛國君王心不能達、氣不能達的情境之下，他的勸等於得罪，因為他要去說君王的不對，那就叫災人。災人是帶去災難的人，你帶去災難，人家一定會想辦法「反災之」，他去罵人家，人家當然反擊回來，這叫反彈，把災難還歸你的身上。所以，家人、朋友之間，甚至師生之間任何的勸勉，不管出發點有多善意——善意是儒家的意思，道家告訴我們光善意是不行的，要把我們自己完全放下來，要游心於淡，合氣於漠，無心無為，我們的心才會跟對方的心貼在一起，我們的氣才會跟對方的氣交感應和，這樣的話，對方才會真正感受到我們的善意。

太多人交淺言深，其實很多話是不能說的，連夫妻都不能說，一說就傷感情，爸爸不能說兒子，老師不能說學生，同學之間彼此不能說，為什麼不能說？因為沒有取得對方的信任，為什麼不能說？因為我們沒有把自己放下來。我們無心的話，心才能跟對方貼在一起，無為的話，氣才能跟對方感應在一起。貼合在一起，感應在一起，就是達人心、達人氣。

我們活在人世間，總是要跟人在一起，不管是親人還是友人，人一方面是心，一方面是氣，我們要跟對方的心能貼合，跟對方的氣有感應，這才是真正的應帝王，那時候不用花很大的力氣，我們應機一說，對方就聽進去了，因為我們就是對方，對方就是我們，可以完全接納。不然的話，花大力氣，講了很多，講了很久，一勸再勸，但是似乎我們說得越多，對方離得越遠，而且我們越說話，對方越討厭我們，為什麼？因為我們站在他的外面，我們以「對」的姿態出現，我們在下指導棋，我們認為他不對，他不應該，這樣一來，他馬上感受到我們對他的不以為然，我們是一個外在的力量在壓迫他，引發他自我防衛的心理機轉。

所以道家式的與人相處、與物相處，一定要把心放下來。儒家說我對，所以我是善意的規勸。道家說不能老說自己的對，問題是要忘掉自己的對。把孩子找過來、把學生找過來，跟他們說說話，「假定我是你的話，我們要怎麼做比較好？我們來想一想，書一體的和諧。所以說西方世界不了解阿拉伯世界，各大宗教裡面回教是最激烈的，是沙漠中的英雄，他們有歷史的輝煌，他們希望把過去的榮光找回來，而最重要就是要對抗西方國家，西方國家主宰世界二百年，我們要了解這樣的感受。老子言：「大國宜為下。」在兩國談判之間，大國宜為下，小國捍衛它的尊嚴就在傲慢，大國不必傲慢，因它本來就是大國，所以大國要首先擺出低姿態，反而去尊重小國，小國就不會氣勢高漲要跟大國拚。美國以大國姿態出現，在阿拉伯人的感受就是西方世界還在壓迫他們。

回過頭看海峽兩岸，我們希望大陸也有這個想法，他們應該尊重台灣，不要老是恐嚇台灣，這會傷害雙方的感情，應該表現「大國宜為下」的氣度，才能爭取台灣人的人心跟人氣。大陸一定要把自己放下來，要忘掉他自己是老大，大家站在一起來想我們的未來要怎麼走？兩岸要怎麼走才是最好的路？這樣的話心就可以貼合，氣就可以感應，從自身來說是無冕王，從天下來說是應物無心，就是帝王之德。我們不要競賽，拿飛彈和戰機跟台灣比，這樣顯然就達不了人心、達不了人氣。

通過這樣的比喻，讓諸位了解，人生是人物活在人間世界上，都要跟人相處，要在人間做人。好好的跟人相處，好好的在人間做人，好好的標準在哪裡？就是跟對方的心貼合在一起，跟對方的氣感應在一起。一個貼合，一個感應，要如何做到呢？把自己的心放下來，我們的心就可以游了，就跟對方貼合了；把自己的氣放下來，我們的氣就跟對方感應了，就可以跟對方走向一體的和諧。這樣的話，大家都沒有壓力，不會有對抗，每個人都是自在的帝王，那麼「帝力於我何有哉」？

虛靜明照使物自喜

所謂帝王之德，就是每一個人都「然」從自己來，都是很自在、很悠閒，都是沒有壓力的，所以道家的理想是每個人都像帝王般的自在。每個自我沒有壓力，人我互動沒有對抗，生命沒有傷痛，大家都在走自己的路，大家都過自己的生活，不承受人我爭競的壓力與惡意的批評，這就是陶淵明的桃花源、人間的理想國。

〈應帝王〉提出第二個問題，何謂明王呢？道家講「明」，明在無心，即心虛靜明照天下百姓，清明的政治領導人就是明王。無心故清明，明就可以有觀照的能力，明王就是明照天下的人主，也就是無己、無功、無名的人。〈逍遙遊〉說：「至人無己，神人無功，聖人無名。」這樣的明王就是功蓋天下，天下事都是他承擔的，但他卻不認為這是由他自己做出來的；他在領導天下，但是治天下的功勞不歸給他自己。天下的媽媽，家事都是她們做的，但又好像不是她們做的；不要每天提醒先生跟兒女，請問今天的家事誰做的？今天的三餐都是誰忙的？每天在那邊歎氣，為誰辛苦為誰忙，先生跟兒女一邊吃飯一邊不消化。人間的老師也是，老師的青春就像粉筆灰一路掉下來，這樣的話，學生在教室聽課就覺得如坐針氈，原來學生的成長是老師付出衰老的代價。

我們每一個人都在做很多事情，叫功蓋天下，「而似不自己」，好像不是從自己出來，這叫無己。把自己的心放下來，把自己的氣放下來，沒有優越感，沒有英雄氣，儘管我們做了很多事情，但是我們把它忘記，好像不是我們做的一樣，去化成萬物，而不認為是自己的功勞，叫無功。而且不會把自己的名號一直凸顯出來，叫無名。把自己都無了，就叫無己、無功、無名。名不是我，功也不在我，都不是從我做出來，這時候就會「使物自喜」。無己、無功、無名，我沒有自己，我沒有功，我也沒有名，讓萬物回歸自己的美好，把活出一生的歡喜還給百姓，這就是「使物自喜」。

兩道小菜，滿漢大餐

若家庭裡的每位媽媽都不喊苦嫌累的話，那一餐飯就會吃得很溫馨、歡喜。不要一餐飯吃得悲壯，媽媽哭，爸爸哭，兒女也哭，粒粒皆辛苦，這個太嚴重了，要讓它變成很和諧融洽，一家人的心貼合在一起，一家人的氣感應在一起，那樣的晚餐，一定要媽媽沒有自己，媽媽沒有功勞，媽媽沒有名，一家人很自在的、很悠閒的、很美好的一起吃晚飯，這叫「使物自喜」。自喜很難的，上課要能讓每個學生都很喜悅、很自在，就是老師要無己、無功、無名，不要每天點名、每天罵人，每天都在提醒學生老師為你們犧牲，學生會受不了，所以老師要把自己放下來，每個學生都會覺得自在歡喜，這叫「使物自喜」。

何謂明王，明王就是帝王之德，明即德，王是帝王，帝王之德在哪裡？在把自己無掉，把自己放下來，使每個百姓都很自在、很歡喜，「使物自喜」。歡喜是美感，生活要過得好，還要有美感，要有品味，讓大家回味無窮，而不是像趕路趕時間般的匆忙擠迫。不是每個人吃飯都要懺悔，大家一起跟媽媽感恩，這實在沒有意思，關鍵在媽媽本身要放下自己，這很難，真的很難，媽媽把自己放下來，全家人都鬆下來。

有時候吾家夫人做完晚餐，她就喊一家大小（即我們父子三人）來吃飯，我們不能姍姍來遲，我們慢半拍她會不高興，於是三個人齊奔廚房餐桌，而她自己還在做家事，我們說：「可否請你放下來，我們一起吃。」她說：「你們先吃，我還在忙。」她不曉得她說她在忙的話，我們就吃不下。那個時候她應該放下來，家事為什麼要全部做完才放下，最後她都一個人吃飯，我們三個人則一邊吃一邊懺悔，這哪裡有自在呢？這沒有自在嘛！所以她應該要放下來，暫時不要做，四個人一起吃飯，大家自在歡喜，這樣的話，她本身是明王，而我們是無冕王，一家四口都是皇帝，那個才是真正的滿漢大餐。

滿漢大餐是道家式的，只要兩、三道的小菜，一家人坐在一起，心貼合在一起，氣感應在一起，大家都自在歡喜，這叫滿漢大餐，家居就像總統套房。總統套房在哪裡？總統套房就是要應帝王，應帝王就是要無心，家就可以變成總統套房。不然的話，我們的家就太嚴肅了，大家都會緊張，都有壓力，所以怎麼讓家居生活每個人自在，全家吃個歡喜的晚餐，大家都不能放棄責任。做爸爸、做媽媽的，做先生、做太太的，我們都可以有帝王之德，帝王之德的結果就是讓一家大小都是帝王。我們家那兩個不光是小祖宗，還是小皇帝，大家都帝力何有於我哉，因家裡沒有皇帝，媽媽不做皇帝，爸爸不做皇帝，兒子不做皇帝，女兒不做皇帝，沒有人做皇帝，所以四個人都是皇帝，這叫應帝王。大家無心，大家都活在一個帝力何有於我哉的家裡面、學校裡面、社會裡面、還有地球村裡面。這是莊子的智慧，中國不當霸主，美國也不當老大，這樣的話，世界就沒有對抗，大家放下來，大家無心，全地球村都是無冕王。通過明王的修養來解讀人生，可以真切的體會道家的精神。

季咸神準，列子醉心

人生的福報，就在死生、存亡、禍福、壽夭，〈應帝王〉裡有一個神巫季咸的寓言故事，他用算命來告訴我們，人生怎麼樣才能夠讓自己的一生趨吉避凶，永保安康。鄭國人季咸，他是神跟人的媒介，可以把神的意思傳達人間，他能夠預知人的死生存亡，禍福壽夭，且可以斷定哪一年、哪一月、哪一旬、哪一日會死，而且都很準確，所以說若神。他在路上走，一個個告訴人家，你明天、你後天、你大後天，而且都對，所以鄭國人看到他嚇壞了，趕快逃走，都不敢跟他照面，因為他一看到人就會跟人家說你哪一天會死，這是最沒有趣味的人，根本就是烏鴉嘴。

此中有個人物叫列子，列子是道家人物，他看破生死，不僅不怕季咸，還很崇拜季咸，因季咸神準。故列子回去跟他的老師壺子說：「老師，我本來以為你是天下第一，現在恐怕不是了，有個人比你高明！」老師就問是何方神聖？他答說是季咸。老師就問季咸有什麼本事，讓你如此崇拜他。列子回答說他算命神準，鐵口直斷，老師就問是他算得神準，還是你們膚淺。這話很有意思，因為算命叫相命，相命是從我們的相看到我們的命，故是季咸神準還是我們膚淺？什麼叫膚淺？就是我們的心事都浮現在我們的表情上，所有的心事都寫在臉上，所以算命的為什麼算那麼準？因為臉上就寫著我今天不快樂，我這陣子很失意，甚至於我不想活了、我沒有明天，所以他就一直從我們的臉上念下來，就像新聞記者看字幕報導一樣，一路念下來，他說你是很苦的，你最近不大好，你根本活不下去了。因為一切都寫在臉上，所以不是他神準，而是我們膚淺。

死定了？還是有救了？

因為我們老是要跟別人對抗，叫「與世亢」，亢即「抗」，所以心裡面所有的心思都寫在臉上。一直在抗爭的人，臉上神情會變，氣質也隨之而變，他變成不是他自己。真相不是季咸算得準，而是我們自己膚淺。壺子就說：「好，你既然說他那麼厲害，你找他來幫我算命看看。」第二天列子就帶季咸來，季咸幫壺子相命，看一看就走出去了，列子趕快追出來，「請問怎麼樣啊？」季咸說：「死定了，不會超過十天，準備後事吧！」列子聽了以後，一路哭進來，他自己不怕死，但是說老師會死，就忍不住哭起來。老師就跟他解釋：「我剛剛給他看的是像大地一樣的神情，是地文，這個叫杜德機。季咸進來看相的這一機，是當下的機緣，我示的相是杜德，杜德是把我的生機、生氣關閉，他當然說我死定了。我讓他看像大地的神情，大地是不動的，好像一片死寂，我是把自己的德關閉。在道家來說，德就是我們的真實生命，我把我的生命、活力關閉了，他一看我就看到死氣沉沉，如同濕灰一般，濕透的灰就再也不會復燃了。」

第三天季咸進來看看又出去了，列子緊跟於後，問到底如何？季咸回答：「算你老師幸運碰到我，有救了。」列子聽了很高興，趕緊進門說：「老師，他說您有救了。」老師說：「對啊，因為我剛剛給他看的是天壤。天生萬物，生生不息，最為生動。地文是靜的，天壤是天地一氣之象，天地整個氣象就在生動中，從杜德轉為善德，這叫『杜權』，即闔閉中有權變，已透顯一線生機，在闔閉中已有權變，這叫『善德機』，我這一機表現出來就是我的生機、生氣。善是道家的自然，善在自然無心的德，我顯發生機，他當然說我有救了。因為這一機我把自己深藏的生命之氣透顯出來，德就是我們的天生本真，善就是天真本德流露出來，所以他當然說我有救了。再找他來。」

來到第四天，季咸進來看一看，又出去了，列子趕緊問說：「今天看起來如何？」列子彷彿被牽入變化萬千的迷魂陣一樣，因為兩個高人在比道行，看誰高深。季咸回答：「不行，今天你的老師相貌不整齊，難以斷定，請他臉相整齊之後，我再來看。」可見季咸相命是真的根據相來說命，他可不是隨便算。列子聽了這一番話，只好進去據實以告：「老師，人家說你的相貌不整齊，今天他不能斷定你好還是不好，等你相貌整齊以後再說。」老師就做解釋：「我今天給他看的是太冲莫勝。」勝即朕，冲即虛，莫勝即沒有朕兆，何謂不整齊呢？我猜壺子的眉毛一邊向上，一邊向下，半邊臉神采飛揚，另半邊臉黯然神傷，這要怎麼看命？一邊歡喜，一邊悲傷，既歡喜又悲傷，不整齊故不能斷，要根據哪一邊斷呢？剛好兩邊平衡。衡氣機就是兩邊平衡，所以季咸當然無從論斷。

「未始出」——看不到，只好逃！

老師要季咸再來，這是第五天了，季咸剛跨過門檻，兩腳還沒有站定，馬上轉頭旋風似的逃走了。季咸到底看到什麼？只有一個解釋，他嚇壞了，壺子不放過他，下令追之，列子能御風而行，是全世界跑得最快的人，他像一陣風出去了，又回轉來，他向壺子報告：「老師，季咸不見了，在大地消失了。」只有列子有資格講這個話，因為沒有人可以逃過列子的追趕，列子沒能追到他，代表這個人在人間消失，從此在江湖除名，因為他的招牌砸掉了。一生幫人家算命，到最後自己逃走，那還能叫神巫嗎？從此退出江湖，所以季咸還算是英雄好漢，他絕對不是個江湖混混。

現在我們要問他到底看到什麼？老師說：「我剛剛給他看的是『未始出吾宗』，宗為宗主；我給他看的是我從來沒有走離的『生命本身』，每個人都有真正的我，這叫宗，『未始出』就是我沒有從真我走出來，因為只有真我走出他自己，對方才看得到。」

人生在世，我們都是走出真我給別人看的，我在我爸爸面前，我就是給出做兒子的樣子，在我兒子的面前，我給出來的姿態是爸爸，在我老師的面前，我顯學生相，在我學生的面前，我顯老師相，這就叫做應機。應當下那一機當老師，應當下那一機當學生，應當下那一機當爸爸，應當下那一機當兒子，當下那一機，你就要給你自己一個身分，走出來給人家看，不管當爸爸、當兒子、當老師、當學生，都是我。但在某一人際關係，某一特定場合，我們自然會以那一個姿態出現，像今天我是以一個講者的姿態出現，平時就不會這樣，平時和朋友在家裡喝茶、聊天，如果也像這樣開講，我看客人都走光了，人家來聊天，幹嘛老是演講，這代表你這個人沒有應機，你以為每一個人來都想聽你演講，這就是你的執著，不能靈活應當下那一機。

淵水三態，當機示相

人生都有一個真正的我，未始出吾宗，就像一個淵，這個深淵藏有水，但是這個水可以是靜止的水，這個水也可以是流動的水，這個水還可以是又動又靜的水，它盤桓、繞圈子、原地打轉，所以同樣都是深淵的水，卻有三種形態：靜止的水，流動的水，盤旋的水。真我就是生命本身，同樣能以靜的、動的、又動又靜的三種姿態出現。靜的看起來死定了，動的看起來有救，又動又靜看起來不整齊就無從論定，原來人的真我就像深淵一樣深不可測啊！每一個人的生命都是無窮的可能，深不可測，我們出現在別人面前的我，是我們走出來給別人看的，就好像你遞名片，給出名片對方就知道你是誰，所以遞名片就是我走出我自己，給別人看。

我們站出來給別人看，人生路上每一個人都畫臉譜、戴面具，我畫爸爸的臉譜當爸爸，畫兒子的臉譜當兒子，畫老師的臉譜當老師，畫學生的臉譜當學生，所以我們以某一個姿態出來是杜德機、善德機，還是衡氣機，各應不同的機，這叫做當機示相。示相就是要把這個相給出來，有時我們罵別人不識相，是因為我已示相了，你怎麼可以不識相呢？有時我們自己真人不露相，這叫未始出吾宗，深藏不露，人家看不到啊！平時看得到的是當下這一機，這一機裡面你給人家看什麼，人家才看得到什麼，所以壺子說我剛剛給他看的是什麼，主動權在我，是他決定要給算命的人看什麼相。這完全改觀，平時是算命的人在算定你的命，現在是我決定他看到什麼相，譬如我去算命，我顯傷感相、垂頭喪氣給他看，他就算你沒什麼希望，過不了兩秒，我突地神采飛揚，他嚇壞了，怎麼馬上變了，你這個人大吉大利。那剛剛你不是說我大凶嗎？因為你給出得意的神情或失意的神情，是你決定的，所以我們都在示相，示相就是在畫臉譜、戴面具，我們在扮相。

扮相平時我們叫示相，壺子最後讓季咸看的是真人不露相，他深藏不露，季咸進去一看，什麼都看不到，因為他不露，不給你看，你能怎麼樣？季咸一生幫人家相命，看到人家的相才能說人家的命好不好，看不到對方又如何算？一生算人家的命，到最後竟連對方的相都看不到，你說他要不要逃？當然逃！對方不把那個相展示出來，你就看不到相，對方不示相，季咸不識相，因為真人不露相。

真人不露相，季咸不識相

真正的真人，人家是算不到他的命，平時你可以看到我，相到我，是我走出來給你看、讓你算。就好像跟小朋友玩捉迷藏，我們跑去藏，他就開始算「一、二、三……七、八、九、十」，喊「好了沒有？」，我們喊「好了」，等於告訴他我在這裡，先示相你在這邊，讓他找到你。他找不到你，下次就不玩了。你要想辦法讓他找到，藏起來讓人家捉不到，這就不好玩了。所以打棒球若對方打不到，人家都不要跟我們比賽，過去台灣隊投手都是三振對方十五、六個，美國隊就生氣，跟台灣隊比賽尊嚴大受傷損，所以不大歡迎台灣隊去比賽，為什麼呢？因為我們的投手就是讓人打不到球，那就不叫棒球，那叫打沒有球，棒球是打得到才叫棒球，棒球是用球棒把球打出去，結果大棒一揮通通落空，因為你老投變化球，誰願意跟你比賽！

神算季咸逃走了，壺子為什麼要下令追之呢？因為他要救季咸，追回來要跟他講道理，就不會嚇壞了。而且他不讓對方看到是什麼意思，那個時候他變成一面鏡子，因為我不給出相讓你看，就是我沒有相，我不露相，此時壺子就像一面鏡子，季咸幫他算命，沒想到就看到他自己，他一生都忙著算人家的命，從來沒有看過自己，這下老師不示相，反而化成一面鏡子的姿態出現，季咸一眼看到自己，看到怎樣的自己呢？天涯淪落人的自己，一臉衰敗，一臉風霜。從來就沒有好好看過自己，現在是壺子讓季咸驟然看到自己，他嚇壞了，自己受不了自己，他才發現原來自己是這一幅德性啊！是這樣一個失魂落魄相，所以就此逃開了。故事就此結束。

但最後有個後續性的尾聲，就是列子此後離開老師的身邊，他自己很慚愧，怎麼會認為老師第二，季咸第一呢？於是回到家鄉，三年閉門不出，每天幫太太做菜、做飯，而且養豬如養人一樣，打破人跟豬的界限，「食豕如食人」，自己跟豬一起過活，放下人的高貴。沒有任何事情是他特別喜歡的，也不去雕琢什麼，讓自己回歸自然，不再參與人間的活動，藏身天地一隅修心養性，無心、無知、無為，足不出戶，閉門思過，要把那個失落的自己找回來，也活回來。

不過寫列子也等同寫季咸，想必季咸也在修養自己，試圖把自己重新活回來吧！

心如明鏡，應而不藏

每個人的生命都是無限的，真人是未始出吾宗，就像深淵一樣，但深淵可以給出三種水的姿態，就像本來真人不露相，但是可以給出三種不同面相。所以我們平時給人家看是為了方便，不是我們只有這樣子，也許在公司我是一個總經理，但是我還是一個好爸爸、好先生，到職場我是個總經理，回到家就不是，跟朋友聊天就不是，如果跟朋友聊天也當總經理，就很差了，就沒有應當下那一機。所以人有無限的可能，可以無限的靈活，人生旅程隨時才會有新的面貌出來。

不要把職場那一套、把總經理那個味道帶回家裡，下班了，回家就是爸爸，怎麼還當總經理？要當機示相，在回到家這個機，你是爸爸、你是先生，要把上班那個總經理的身分地位給忘記，不然的話，就做不好先生，做不好爸爸。我們人際關係發生困難，就是我們沒有放開另外一個場合的身分，把另外一個身分帶到這個場合來就是不對勁、不貼合、不感應，所以我才說要放下來，因為我有無限的可能，每一個當下應機都是最好的姿態。你不能老是不露相，要露相，不露相是要教導季咸跟列子的。要當機示相，應不同的機，示不同的相，不要在各種不同場合都用同一個面孔，在職場這個面孔，回到家也是這個面孔，誰受得了？所以要當機以示相，這代表我們的生命無限的靈動與可能。

人生應帝王，帝王的話就是要跟人相處，要在人間做人，我們要把我們自己無限的可能，在每一個當下以最好的姿態出現，好好的做人，也好好的過活。當壺子最後「未始出吾宗」的時候，事實上是以一個「明」鏡的姿態出現。「至人之用心若鏡，不將不迎，應而不藏，故能勝物而不傷。」我們來看這關鍵性的語句，這是莊子很精采的一段話。「明王」與「未始出吾宗」都是用心若鏡，壺子讓對方看不到他，反而看到自己，這是化身鏡子的妙用，所以至人是道家修養境界最高的人，至人的心像一面鏡子，鏡子沒有自己，以無己、無功、無名的「無」，去照現天下萬物的「有」，這就是「有生於無」的生成原理。

假定鏡子有自己的話，它就不是鏡子，它有自己的底片，貼上自己的照片，就照不到別人。所以對鏡子來說，不將不迎，它沒有要抗拒誰，也沒有特別歡迎誰，因為它是鏡子無心；沒有好惡，什麼人來它都照，而且照現每一個人全面的美好，而不會有沒被看到的遺憾。

應而不藏，應就是因應，順應面前的事物，你什麼神情它就照出什麼神情，它只是照你，它不會把你藏在心裡，所以說「應而不藏」。因為你把它藏在裡面，就像照相機的底片，你一按的話，影像一進去，就不能再照別人了；鏡子從不把它所照的身影，藏在自己的心底，所以它才會永遠清明。我們的心經常藏了很多從小到大的坎坷、辛酸、困苦、悲歡離合，在心底積累成塵垢污染，就因為你藏太多，失去清明，而再也看不到別人。

依道家的說法，我們的心像鏡子觀照萬物，還出萬物的本來面目，他走開，就要把他忘記，因為你要把你的空間留給另外一個人，這樣才能「勝物而不傷」。我放空了我自己，把空出來的空間，留給出現在我們眼前的人，不僅看到他，還要看到他全部的好，沒有保留，把全部的美好像禮物般的還給他，盡物而沒有不被看到的委屈跟遺憾。

照現原形，應物無心

新屋落成，我們喜歡在家門前掛一面鏡子，為什麼呢？因為沒有東西能藏在鏡子裡，它馬上反射回去，所以邪魔外道被鏡子反射回去，進不了我們家門，沒有人能闖進鏡子，所以叫照妖鏡。照妖鏡很有意思，妖怪要進來，一照到鏡子，看到自己那麼醜，把自己給嚇壞了，就逃掉了。妖怪本來要嚇我們，現在讓他現出原形，他自己都受不了。所以鏡子的功能是不讓一些不好的進到自家裡，鏡子不藏，所以永遠清新。

另外，鏡子又可以照現一切的美好，把天下人的好照現出來。人在鏡子面前，不必作假，總是以真的姿態出現，所有妖惡就不見了，很多人願意跟你做朋友，因為你都看到他，所以最有人緣的人就是心像鏡子的人，那樣就是帝王之德，四海都來歸，大家都跟他做朋友就是人間的帝王。所以因應無心，就是帝王之德，天下的人都在鏡子面前看到自己。你想去看別人，別人不一定答應，假定你是鏡子的話，全部的人都會走到鏡子面前給你看個夠，而且把最好最真的形相給你看，這不是有君臨天下的氣勢跟格局嗎？就好像閱兵一樣的威武壯觀。這就是「至人之用心若鏡」的大道理。

「能勝物而不傷」，「勝物」就是盡物，就是把對方照得很清晰。對方所有的美好都在鏡子面前照現出來，這是我們給出最大的善意跟溫暖，一定要讓他盡，他才沒有遺憾，因為他所有的，你都知道，這叫相知，只有鏡子才能看到對方全部的美好，什麼都被看到，這叫盡物而不傷，雙方都不會有缺憾。因為它照現你，並沒有壓縮你、扭曲你，它對你沒有期許，沒有責求，沒有壓力，也沒有傷害，所以全世界的人都喜歡照鏡子，在鏡子面前完全放鬆自己，也展現自己的美好。這就是從明王到深淵到鏡子，一連串的虛靜觀照，而照現萬物，這才是帝王之德。

帝王之德就是看到全天下的每一個人，老師看到每一個學生，父母看到每一個子女，朋友看到每一個朋友，怎麼才會看到？心虛靜如鏡，鏡子象徵帝王之德，因鏡子是「應而不藏」，不藏所以能盡，整體都被看到了，我們被看到的感覺真好！被賞識、被肯定、被讚美，這是一生最難得的成就感，而鏡子沒有隱藏，沒有遺漏，它都看到了。而看到等同生成。

開了竅渾沌死

〈應帝王〉最後一個寓言故事，它說有南北二帝，一個是南海之帝叫儵，一個是北海之帝叫忽，一起到名之為渾沌的中央之帝那兒去度假。儵、忽，就是很短暫的意思，代表人間的權勢是很短暫的、功名富貴是很短暫的，你不要看他那麼高貴，那麼權傾天下，都是在儵忽之間而已。中央之帝名曰渾沌，這裡沒有執別與分別，心裡什麼都沒有的鄉土就叫渾沌，正因什麼都沒有，所以到那地方才是真正的度假。因為所有的人都不知你是何許人物，所以就可以完全放鬆，放下所有的壓力，而融入自然美景。

南海之帝、北海之帝日理萬機，到這什麼都沒有分別的地方，得到了完全的休息。兩人在此休養生息，十分感念渾沌，感謝中央之帝沒有什麼接待，沒有安排活動，而讓他們得以充分休息，所以就想回饋。要送什麼禮物來報答呢？電視、電冰箱都沒有用，兩人一想，我倆都有五官，五官有七竅，而渾沌沒有。所以就想為他開竅，因有五官才能視聽食息，才能看美景，才能聽音樂，才能品味，所以為他開竅。一天開一竅，七天開七竅，結果渾沌死了。渾沌本就沒有七竅，才叫渾沌，他有七竅，就跟人一樣只活在儵忽之間了。

本來渾沌就是真人不露相，結果幫他開竅，露相也破相了，就變成了跟北海之帝、南海之帝同等的人物。本來是感謝渾沌，結果置渾沌於死地，所以帝王之德就是要保有渾沌，不要幫天下人開竅，幫人開竅看似好意，反而破壞了渾沌無心自然的理境。從〈逍遙遊〉第一篇的大鵬怒飛，到了內篇最後一篇〈應帝王〉渾沌卻死了，莊子給我們的期許是像大鵬鳥一樣在天上飛，而人間世界不免為渾沌開竅，去追求高度文明，而讓農村鄉土、讓每一個人的真性情，在人間消失。

由此可見，真正的帝王是不開竅的，是把自己放下來，是無心、無為，叫渾沌，沒有分別，沒有造作，那才是人間的真實美好。道家最後講〈應帝王〉，是說因應無心乃帝王之德，應物無心，我們每個人都可以是帝王，都是自由自在的無冕王，是最閒散的人，也是最幸福的人。我們自己不當皇帝，讓每個人都是皇帝，孫中山先生的品格，就在這裡凸顯出來。但願我們家裡都是總統套房，但願每一餐都是滿漢全席，大家心都放下來，沒有壓力，生命自在。

莊子七講，到此告一段落，請來莊子這位大哲人大文豪陪我們走一段回歸自然的生命之旅，可以大鵬怒飛，也可以做個無冕的帝王。

◉鑿破混沌重啟生機

《莊子．應帝王》最後一段寓言，說「鑿破渾沌」的故事，人物主角是「南海之帝名曰儵」與「北海之帝名曰忽」，情節展開在兩大巨頭，總會不定期的來到「中央之帝名曰渾沌」的國度，做一度假式的南北之會。

帝王家打天下，進而治天下的千秋大業，從天地悠悠而言，皆是倏忽之間的事。相對之下，人間權勢名利，誠如浮雲過太虛，轉眼即逝，不做任何停留。

「渾沌」是無執著無分別的存在樣態，當然是度假的勝地，有如夏威夷海灘，碧海藍天，水天一色，儵與忽暫且放下日理萬機且得當機立斷的政治生涯，來此偷得浮生七日之閒，無盟約無權謀，無縱橫捭闔，亦無條件交換，完全放下而回歸生命本身。

說中央之帝名曰渾沌，意謂權勢爭逐是一時的，天地自然才是長久。渾沌接待南北二帝，是以不待待之，無簡報，無參訪，亦無記者會，當然更無須發表聯合聲明。所謂「待之甚善」，不是技巧性的巧妙運用，而是修養工夫的無心天真，此等同不接待，而不接待即無待，無主客二分，而從物我對列中超拔出來。解消自我的武裝與人我的對抗，使物我一體而情景兩忘，沒有天涯作客的漂泊感，故南北二帝頗有賓至如歸的自在自得，身心得到了全然的休養生息。

兩人感覺甚佳，心中萌發要如何報答渾沌無心接待的美德，兩人你看我，我看你，在顧盼之間忽地靈光一閃，心有靈犀一點通的說道：「每一個人天生都有七竅，藉以視聽食息，一者調養自我，二者通向天下，惟獨渾沌老兄沒有七竅，可以做為與天地萬象交接的窗口。我們就為渾沌老兄開竅吧，略盡我們感謝的心意！」

南北二帝就此每日為中央之帝開鑿一竅，七日開鑿七竅，有如創世紀般，未料在大功告成之日，卻發現渾沌死了，無心自然的渾沌天地，就此在人為造作間崩解。道家義理，所謂「自然」有兩重的區分：一是天生的自然，或謂現象的自然，二是修行的自然，或謂境界的自然。

南北二帝所鑿破的自然，乃是天生的自然與現象的自然，此一原始樸質的鑿破，是文明的起點。不過，隨之而來的主客對立，與物我有隔的存在樣態，從生命自然的觀點而言，卻是人與存在時空，與天地萬象的破裂。

渾沌無執著無分別，自有物我不分的一體和諧，問題在，那是未經人文心靈去開發，與修養工夫去照現的初度和諧。此一原始和諧的背後，藏有被天行規律與天生形氣所封限的蒼茫與悲涼。故南北二帝儵忽之間的人為造作，雖鑿破了中央之帝的渾沌，卻也開啟了人文涵養的空間，並給出了精神飛越的天地。

渾沌死了，生命在此要有一轉折，甚至有一翻越而重啟生機，經由致虛守靜的主體修養，解消心知執著的痴迷與人為造作的熱狂，走出儵忽虛妄的假相幻境，而以虛靜心觀照天地萬象，將現象的自然轉化而為境界的自然。而通過「凡物無成與毀，復通為一」（〈齊物論〉）的轉化工夫，所朗現的一體境界，才是道家心靈所追尋的二度和諧。以是之故，道家的天真，不是「無知」的渾沌，而是「不知」的觀照！

附錄：內七篇的理路架構

逍遙遊

一、**哲學的兩大功能**

1. 解釋人的生命何以有限——同情與包容
2. 給出未來的希望與遠景——出路與動力

二、**逍遙遊解題：「消盡有爲累，遠見無爲理」**

1. 逍是消掉人的有限與困苦——過而忘
2. 遙是開發無限的精神空間——引而遠
3. 遊是自在自得

　　逍在打掉他在他得的「他」

　　遙在把「自在自得」的「自」活回來

三、**大鵬怒飛的主題寓言**

1. 由小而大的成長
2. 由大而化的飛越
3. 人的大化與自然的大化同體流行
4. 南冥不離北冥，天池是天人合一的理想境

5. 小麻雀不知大鵬鳥的心胸氣魄

四、生命的四層境

1.「知效一官，行比一鄉，
德合一君而徵一國者。」——有功有名，有求於外
一如小麻雀

2.「宋榮子猶然笑之，
定乎內外之分，
辨乎榮辱之境。」——無功無名，困守於內
有己未樹

3.「列子御風而行，泠然善也，
旬有五日而後返。」——隨風飄落，免於行累
無己有待

4.「至人無己，
神人無功，
聖人無名。」——列子——形軀的修鍊
至人——精神的解放

「乘（統有）天地之正（常）
御（操控）六氣之辯（變）」
以遊無窮者，彼且惡（何）乎待哉！

不可乘—不必乘
不可御—不必御 ——→ 不必待
無窮就在無待

5. 不自外於 ┬ 天地—與天地同在
└ 萬物—與萬物同行

（隨地）所在皆是
（隨時）當下即是 ——「是」在那裡 ┬ 在每一角落 空間
└ 在每一剎那 時間 ——「所遇斯乘」（郭象注）

四、叔山無趾：猶有尊足者存

1. 夫天無不覆，地無不載，吾以夫子為天地，安知夫子之猶若是也！
2. 胡不直使彼以死生為一條，以可不可為一貫者，解其桎梏，其可乎？
3. 天刑之，安可解？

五、哀駘它：以惡駭天下

1. 所愛其母者，非愛其形也，愛使其形也。
2. 才全而德不形

・死生存亡、賢與不肖、寒暑——命之行也

窮達貧富、毀譽、饑渴——事之變

・使之和豫通，而不失於兌。

與物為春，是接而生時乎心者也。

・內保之而外不蕩也。德者，成和之修也。

六、闉跂支離無脤、甕央大癭

1. 德有所長，形有所忘

有人之形，無人之情

2. 知為孽，約為膠，德為接，工為商。聖人不謀，惡用知；不斲，惡用膠；無喪，惡用德；不貨，惡用商（工）：四者，天鬻也，既受食於天，又惡用人。

七、惠施與莊子的對話——無情在不以好惡內傷其身

惠子：人而無情，何以謂之人？

莊子：道與之貌，天與之形，惡得不謂之人？
惠子：既謂之人，惡得無情？
莊子：非吾所謂情也，吾所謂無情者，言人之不以好惡內傷其身，常因自然而不益生也。

大宗師

一、解題

宗大道以為師
體現天道的生命人格之大

二、有眞人而後有眞知

1. 知天之所為，知人之所為者，至矣。
2. 知天之所為者，天而生也；
3. 知人之所為者，以其知之所知，以養其知之所不知。
4. 終其天年，而不中道夭者，是知之盛也。
5. 雖然，有患，夫知有所待而後當，其所待者，特未定也。
6. 庸詎知吾所謂天之非人乎？所謂人之非天乎？
7. 且有真人而後有真知。

三、何謂眞人？眞人修行之道

1. 去心知之執
不逆寡，不雄成，不謨士。

過而弗悔，當而不自得也。

2. 解情識之結

其寢不夢，其覺無憂，其食不甘，其息深深。

3. 破生死之惑

不知悅生，不知惡死；其出不訢，其入不距。

淒然似秋，暖然似春，喜怒通四時，與物有宜。

4. 以刑為體——承受

以禮為翼——通過

以知為時——化解

以德為循——實現

四、人相忘於道術，魚相忘於江湖

1. 子貢：（子桑戶死）臨尸而歌，禮乎？

孟子反、子琴張：是惡知禮意？

2. 孔子：彼遊方之外者也，而丘遊方之內者也。

子貢：夫子何方之依？

孔子：丘，天之戮民也，雖然，吾與女共之。

3. 子貢：敢問其方？

孔子：魚相造乎水，人相造乎道。

相造乎水者，穿池而養給；相造乎道者，無事而生定。

故曰：魚相忘乎江湖，人相忘乎道術。

五、死生一體，造化何拘

1. 子輿有病，子祀往問之。

曰：嗟乎，夫造物者又將以予為此拘拘也。

浸假而化予之左臂以為雞，予因以求時夜；浸假而化予之右臂以為彈，予因以求鴞炙；

浸假而化予之尻以為輪，以神為馬，予因而乘之，豈更駕哉？

2. 俄而子來有病，喘喘然將死，其妻子環而泣之，子犁往問之，曰：叱避，無怛化。

倚其戶，與之語曰：偉哉造化，又將奚以女為？將奚以女適？

以女為鼠肝乎？以女為蟲臂乎？

3. 子桑若歌若哭，鼓琴曰：

父邪母邪，天乎人乎？父母豈欲吾貧哉？天地豈私貧我哉？

求其為之者而不得也，然而至此極者，命也夫！

應帝王

一、解題：「人皆可爲堯舜」的道家版

1. 應物無心，乃帝王之德

2. 應物無心，有如帝王之自在自得——無冕王

二、明王治天下之道

1. 鳥高飛以避矰弋之害，鼷鼠深穴乎神丘之下，以避薰鑿之患，而曾二蟲之無知？

聖人之治，治外乎？（狂接輿答肩吾評日中始）

2. 何問之不豫也？

汝游心於淡，合氣於漠，順物自然，而無容私焉，而天下治矣！（無名人答天根）

3. 明王遊於無有

- 陽子居：嚮疾彊梁，物徹疏明，學道不倦，如是者可比明王乎？
- 老聃：是於聖人也，胥易技係，勞形怵心者也，且也虎豹之文來田，猨狙之便，執斄之狗來藉，如是者可比明王乎？陽子居蹴然曰：敢問明王之治？
- 老聃曰：明王之治，功蓋天下而似不自己，化貸萬物而民弗恃，有莫舉名，使物自喜，立乎不測，而遊於無有者也。

三、神巫季咸：未始出吾宗

1. 濕灰：示之以地文——杜德機
2. 杜權：示之以天壤——善德機
3. 不齊：示之以太沖莫勝——衡氣機
4. 淵有九名，此處三焉：止水、流水、迴旋的水

淵——未始出吾宗

四、至人用心若鏡

1. 無為名尸　　匯歸處

無為謀府　　儲藏所

無為事任　　指揮中心

無為知主　司令部

2. 體盡無窮而遊無朕

盡其所受乎天，而無見得，亦虛而已。

3. 至人之用心若鏡，不將不迎，應而不藏，故能勝物而不傷。

五、渾沌的鑿破——在鑿破現象的自然中，開顯理境的自然

1. 南海之帝為儵，北海之帝為忽，中央之帝為渾沌。
2. 儵與忽時相與遇於渾沌之地，渾沌待之甚善。
3. 儵與忽謀報渾沌之德，曰：人皆有七竅，以視聽食息，此獨無有。
4. 嘗試鑿之，日鑿一竅，七日而渾沌死。

六、總結

逍遙遊　齊「物論」
→
大宗師←　養「生主」　←人間世
←
應帝王　「德充」符

莊子七講

活出生命本身的大用

作者：王邦雄
主編：曾淑正
內頁設計：Zero
封面設計：李東記
企劃：葉玫玉

發行人：王榮文
出版發行：遠流出版事業股份有限公司
地址：台北市南昌路二段八十一號六樓
郵撥：0189456-1
電話：（02）23926899
傳真：（02）23926658

著作權顧問：蕭雄淋律師
二〇一八年七月一日　初版一刷
二〇二〇年十一月十六日　初版二刷
售價：新台幣三二〇元

ISBN 978-957-32-8315-7（平裝）

遠流博識網 http://www.ylib.com
E-mail: ylib@ylib.com

國家圖書館出版品預行編目（CIP）資料

莊子七講：活出生命本身的大用／王邦雄著．
-- 初版．-- 臺北市：遠流，2018.07
面；公分
ISBN 978-957-32-8315-7（平裝）

1.（周）莊周　2. 學術思想　3. 人生哲學

121.33　　107009485